COMTESSE DE FAVERGES

Anne d'Orléans

PREMIÈRE REINE DE SARDAIGNE

PARIS

ARTHUR SAVAÈTE, ÉDITEUR

76, RUE DES SAINTS-PÈRES

ANNE D'ORLÉANS

PREMIÈRE REINE DE SARDAIGNE

COMTESSE DE FAVERGES

Anne d'Orléans

PREMIÈRE REINE DE SARDAIGNE

PARIS

ARTHUR SAVAÈTE, ÉDITEUR

76, RUE DES SAINTS-PÈRES

PRÉFACE

Nous avons souvent remarqué, non sans regret, combien sont peu connues, dans leur propre pays, les belles et intéressantes figures de de quelques princesses du sang royal de France ayant régné sur les États de Savoie. Bonne de Bourbon, arrière-petite-fille de saint Louis; Yolande, fille de Charles VII; Marguerite, fille de François Ier; Marie-Christine, fille de Henri IV; Anne d'Orléans, nièce de Louis XIV; Marie-Clotilde, sœur de Louis XVI, se distinguèrent par d'éminentes qualités, soit d'esprit soit de cœur, et furent l'honneur de la mère-patrie, aussi bien que du trône qu'elles occupèrent. Leurs noms ne doivent pas tomber dans l'oubli, ils ont droit à une longue mémoire; et leurs figures, réanimées, mettent en vue l'histoire de la Maison de Savoie, peu connue en France, en présentant beaucoup d'intérêt.

Cet ensemble de considérations nous ont portée à faire une étude biographique de chacune de ces princesses, et par le présent volume, nous donnons celle d'Anne d'Orléans, femme de Victor-Amédée II, qui partagea noblement les soucis et la fortune de ce prince, et sans jouer de rôle politique, eut part à tous les faits considérables à cette époque, intéressante entre toutes. Malgré les contrastes des divergentes ambitions, elle sut garder à sa terre natale une affection inaltérable, tout en la donnant, abondante, au pays dont elle était souveraine.

Nous avons suivi son exemple, et c'est d'une main française, en même temps que d'un cœur attaché à cette glorieuse dynastie de Savoie, que nous avons relaté les événements, les vicissitudes, les vues politiques, qui ont rempli et dirigé les règnes de Louis XIV et du premier roi de Sardaigne.

Comtesse DE FAVERGES.

Turin, 3 février 1901.

ANNE D'ORLÉANS

Première Reine de Sardaigne

CHAPITRE I

Quand la publicité met sous nos yeux une figure de femme,
et surtout de princesse, nous sommes disposés à croire qu'elle
va nous donner le tableau de quelque caractère éminent, se
développant dans des événements extraordinaires, faisant montre
de vertus d'éclat et de goûts à effet, comme s'il était nécessaire
de faits retentissants pour exciter l'intérêt ; tandis que si souvent,
au contraire, cet intérêt s'attache à la vie la plus simple, aux
qualités les plus modestes, à ce qui nous retient dans l'impression
des sentiments que nous sommes capables d'apprécier. Les têtes
couronnées ne vivent pas toujours dans l'éclat ; leur personnalité
est parfois bien effacée, leurs mérites inconnus, leurs douleurs si
secrètes que Dieu seul en est confident. C'est raison de plus pour
qu'il y ait justice et plaisir à les faire sortir de l'oubli où elles ont
vécu, et c'est le privilège de l'histoire d'y pouvoir mettre la main.

Celle que nous désignons à nos lecteurs, appartient à cette
catégorie ; quoique sortie de la race la plus illustre, arrière-petite-
fille de Henri IV et nièce de Louis XIV, ayant grandi au sein de la
cour la plus luxueuse et la plus brillante de l'Europe, elle ne fit
asseoir avec elle, sur le trône de Sardaigne, que les vertus les
plus méritoires, une tenue dignement réglée, un courage silencieux ;
et cependant sa vie fut utile, dévouée, énergique dans sa passi-
vité, et sa mémoire a laissé une longue trace de respect et d'affection dans les pays dont elle fut la souveraine.

Une maxime aussi ancienne que le monde nous dit que ce n'est
pas ce qui brille qui a toujours plus de valeur, et la probité naturelle au cœur humain ratifie cet adage, se plaisant à rechercher

le mérite caché et à le poser sur un piédestal. Et s'il est vrai que
nul n'est prophète en son pays, il se peut dire aussi que nul n'est
bien connu de son vivant, et qu'il est nécessaire que la main du
temps vienne peser le mérite et en estimer la valeur. Notre siècle
se plaît à remplir cette tâche, il aime à fouiller dans le passé, à
reconstituer le bien méconnu, à le mettre au jour, faisant ainsi
reparaître des figures qui ont eu leur droit de célébrité ou de véné-
ration. Celle d'Anne d'Orléans mérite les honneurs de cette
lumière rétrospective, juste éclat dû aux vertus qui n'ont point
cherché à paraître.

Ses traits sont faciles à retrouver, car, indépendamment des faits
que signale l'histoire, et des nombreux documents qui éclairent le
règne important du roi Victor-Amédée II, son mari, elle s'est
reproduite elle-même dans sa correspondance qui forme un recueil
de plus de deux cents lettres autographes, conservées à Turin
dans les archives de la Maison de Savoie. On y possède aussi les
lettres de ses deux filles, la duchesse de Bourgogne et la reine
d'Espagne, femme de Philippe V, correspondance attachante par la
diversité des caractères et le témoignage de l'affection qui résidait
dans ces cœurs, séparés par de telles distances. Elle est surtout
émouvante pendant la guerre de la succession d'Espagne, époque
cruelle pour ces trois princesses qui voyaient alors s'entre-déchirer
tout ce qu'elles avaient de plus cher au monde.

Un assez grand nombre de ces lettres ont été publiées dans une
biographie d'Anne d'Orléans, écrite en italien, il y a quelques
années, par Mme Luisa Saredo, sous la direction d'archivistes dis-
tingués. Voulant reproduire la figure, trop ignorée, de cette prin-
cese, nous puiserons à cette source, que nous savons intègre,
ainsi qu'à celle de l'histoire, si abondante sur les événements de
cette riche époque. Nous formerons ainsi une vie de cette noble
reine qui pourra ne point manquer d'intérêt, même pour des
esprits français, car cette fille de saint Louis, quoique régnant
sur un trône étranger, se trouva mêlée à tous les événements de
la grande époque de Louis XIV et y fit honneur au sang de
France. Nous n'approfondirons point les détails de ces événements
multiples, qui formeraient une étude trop étendue pour notre
cadre; et nous ne suivrons point les détours de la politique
inextricable qui enlaçaient alors l'Europe. Nous nous bornerons
à un aperçu d'ensemble, tel qu'il nous sera nécessaire pour y
rattacher la figure dont nous voulons nous occuper.

CHAPITRE II

Anne-Marie d'Orléans était fille du frère unique de Louis XIV, *Monsieur*, duc d'Orléans, et de sa première femme, Henriette d'Angleterre, fille elle-même de Charles Ier, roi d'Angleterre, et de la fille aînée de Henri IV.

Qui n'a porté sa sympathie sur cette princesse dont la célébrité fut consacrée par la fameuse exclamation du grand évêque de Meaux, dans son oraison funèbre : « O nuit désastreuse, ô nuit effroyable ! où retentit tout à coup, comme un éclat de tonnerre, cette étonnante nouvelle : Madame se meurt ! Madame est morte ! » Elle mourait, en effet, à vingt-six ans, pleine de vie et de grâces, laissant derrière elle, — pour plus de tristesse encore, — un conflit de soupçons, d'animosités et d'accusations. Louis XIV, distinguant son esprit, l'avait employée comme diplomate pour traiter d'affaires importantes avec son frère, le roi d'Angleterre, Charles II. La cour, appréciant son caractère aimable et affectueux, la faisait arbitre de ses plaisirs. Cela n'empêchait qu'un jugement sévère ne se fût porté sur elle, ainsi qu'il arrive si souvent aux personnes qui s'élèvent au-dessus de la médiocrité qui les entoure. Mais, pour dégager sa mémoire, on pourrait s'en rapporter à l'appréciation, non suspecte, de celle qui la remplaça bientôt comme seconde femme de Monsieur, Élisabeth de Bavière, laquelle — bien à même de juger le personnel qui avait entouré la trop confiante Henriette — en parlait ainsi, dans une lettre adressée à sa sœur : « Je crois que Madame a eu plus de malheurs que de torts ; elle avait affaire à de bien méchantes gens, sur le compte desquels je pourrais dire bien des choses, si je voulais. Madame était fort jeune, belle, agréable, pleine de grâce ; elle se trouva entourée des plus grandes coquettes du monde, qui étaient les maîtresses des ennemis de Madame. Ils ne cherchaient qu'à la jeter dans le malheur et à la brouiller avec Monsieur. »

Quel que soit le jugement qui ait été porté sur Henriette, duchesse d'Orléans, nul ne lui a refusé les dons du cœur, et ces dons se sont retrouvés dans les deux filles qu'elle laissa de son union avec le frère de Louis XIV. L'aînée, Marie-Louise, mariée à Charles II, roi d'Espagne, dut pendant sa courte vie mériter l'affection et la confiance de ce faible prince, se dirigeant avec mesure dans une position hérissée de difficultés. La seconde, Anne-Marie, épouse de Victor-Amédée II, duc de Savoie et premier roi de Sardaigne, s'attacha au caractère de ce prince, — tenu pour le plus habile de l'Europe, — et le soutint avec constance et courage dans la bonne et dans la mauvaise fortune.

C'est de celle-ci que nous allons nous occuper, cherchant à reproduire ses traits attachants, honneur des deux Maisons de France et de Savoie. Elle naquit le 11 mai 1669. Sa mère mourut le 30 juin 1670, ce qui ne permit pas qu'elle en pût garder le moindre souvenir. Mais, contrairement à ce qui se déplore si souvent en de telles circonstances, elle ne fut pas privée longtemps des soins affectueux si nécessaires à son âge ; elle les retrouva dans la personne qui vint, bien promptement, remplacer la mère si tristement perdue. Dès 1671, Monsieur convolait en secondes noces et épousait, ainsi que nous l'avons déjà dit, Charlotte-Élisabeth de Bavière, fille de Charles-Louis, électeur Palatin. Dépourvue de beauté, elle ne l'était ni de bonté ni de bon sens, bien qu'elle reste entachée, vis-à-vis de l'histoire, du titre fâcheux de mère du Régent. Remarquons, cependant, que si elle doit encourir le reproche d'avoir contribué aux défavorables résultats de l'éducation de ce prince, ce fut plutôt par son abstention que par mauvaise direction ; c'est du moins la conséquence à tirer de l'application qui lui a été faite de l'adage : « Que l'oisiveté est la mère de tous les vices. »

Cependant cette oisiveté ne l'empêchait point d'écrire, et ainsi que beaucoup de femmes de son époque, elle eut le goût de l'épistolaire. Elle entretenait une active correspondance avec ses parents allemands et surtout avec sa sœur, la comtesse Louise, leur racontant ce qui se passait sous ses yeux dans une cour remplie d'intrigues, jugeant de tout sans se gêner de personne, et usant d'un style qui portait le naturel et la franchise jusqu'à leurs dernières limites ; ce qui donne un tour de singulière originalité à ses lettres.

Nous avons déjà cité le jugement indulgent que, dans l'une d'elles, elle portait sur sa brillante devancière, jugement qui prédispose en faveur des soins que la jeune Anne eut à recevoir d'elle. Nous en trouvons la confirmation dans d'autres lettres.

Écrivant à cette même sœur, quelques années plus tard, et lui parlant de l'affection qu'elle portait à cette princesse : « Elle n'avait que deux ans, lui dit-elle, — quand je vins en France ; elle n'a eu pour ainsi dire d'autre mère que moi ; aussi elle m'aime comme si j'étais sa mère, et je la regarde comme mon enfant. » En se plaignant — dans les mémoires assez curieux qui sont restés d'elle — de ce que le duc, son mari, cherchait à tenir son fils loin d'elle, elle ajoute : « Que toutefois il lui laissait une entière autorité sur sa fille et sur la jeune Anne. »

Ce fut donc elle qui l'éleva et qui laissa — sous la garde d'une affection réelle — se développer un cœur qui devait y correspondre d'autant plus qu'il contenait les germes des meilleures qualités. Anne aima cette belle-mère, et toute sa vie elle maintint avec elle des rapports qui dénotent un profond sentiment de déférence et d'attachement.

A l'influence de la duchesse d'Orléans dut nécessairement se joindre celle de son père, Monsieur, frère de Louis XIV, prince peu estimé en l'histoire, mais qui jouissait, parmi les siens, d'une plus favorable appréciation ; car les vertus que l'on prise en famille ne sont pas toujours celles que recherche la politique. Dans ce centre, on l'aimait pour la douceur de son naturel, pour son extrême politesse, pour l'agrément et la distinction de ses manières. Sa fille reproduisit ses qualités et tint de lui l'urbanité des formes, en même temps qu'une tenue digne et une physionomie aimable qui formaient les caractères distinctifs de sa personne.

Quant à l'éducation, elle ne put rester inférieure à celle qui était donnée aux femmes de haut rang, et qui en mit un si grand nombre au niveau des intelligences de ce siècle. On en peut juger par la nature des conversations qui reluisent dans les lettres de Madame de Sévigné, miroir de la société de cette incomparable époque. La solidité des principes, les habitudes d'une rigoureuse piété s'adjoignaient à des études sérieuses, variées, très littéraires et même quelque peu scientifiques, telles que nous les indiquent les propos de ces grandes dames qui ne craignaient pas de parler de Descartes, de juger de Pascal, et le faisaient avec une remarquable sûreté d'esprit. Leurs études portaient sur les sujets les plus aptes à orner leur mémoire et à former leur jugement.

Toutefois, cette partie élevée et absolue de l'éducation ne laissait rien négliger de ce qui concerne l'agrément de la personne, de ce qui touche à son développement : à la beauté du port, à la dignité des manières, à l'usage d'une exquise politesse, aux talents les plus recherchés ; et la danse, notamment, était portée à sa dernière perfection.

Nous devons supposer qu'Anne d'Orléans arriva de bonne heure à la possession de ces hautes qualités, puisqu'elle avait à peine quinze ans lorsque Louis XIV, voulant offrir lui-même une femme au duc de Savoie, fit choix de sa nièce — que l'on appelait alors Mademoiselle de Blois — comme le meilleur don qu'il put faire à ce prince et au Piémont.

CHAPITRE III

Voyons maintenant ce qu'était Victor-Amédée, et les raisons pour lesquelles le roi de France se montrait empressé de décider de son mariage.

Peu de bonheur avait présidé à l'enfance de ce prince, qui — quoique fils unique et chef de l'État depuis l'âge de neuf ans — avait jusqu'alors connu peu d'affection et, malgré sa précoce intelligence, était resté éloigné des affaires. Né en 1666, il avait perdu son père, Charles-Emmanuel II, en 1675, et avait passé sous la tutelle de sa mère, Jeanne-Baptiste de Savoie-Nemours. Celle-ci — qualifiée comme sa belle-mère, Marie-Christine de France, du titre de Madame Royale — était fille du brillant duc de Nemours qui fut tué en duel par son beau-frère, le duc de Beaufort, à l'ouverture des troubles de la Fronde. Elle était belle et spirituelle, comme tous ceux de sa branche, éprise du pouvoir et ne manquait nullement d'aptitude pour le gouvernement; mais elle y faisait sentir des partialités qui n'étaient pas toujours approuvées par ses conseillers et par les corps de l'État.

La politique des princes de Savoie — politique légendaire pour eux et qui fut la base de leur fortune — avait toujours été de se maintenir dans une sorte de neutralité d'affection et d'action entre les deux Maisons de France et d'Autriche, les ménageant l'une et l'autre, sans en favoriser particulièrement aucune, de crainte d'être écrasés ou dévorés dans les rivalités de ces deux puissants voisins. Mais l'entrée dans la famille ducale de Marie-Christine de France, seconde fille de Henri IV, avait fait échec à une aussi sage conduite. Cette princesse, douée de brillantes qualités, mais exclusive dans ses affections pour son pays natal, et que la mort hâtive de son mari, Victor-Amédée Ier, avait rendue maîtresse de l'État pendant une longue régence, entraîna, par cette préférence accusée, des luttes et des guerres intestines, dans lesquelles la France et l'Espagne prirent partie, et où faillit sombrer le duché qu'elle gouvernait, lequel — s'il n'y périt — en resta fort affaibli par l'influence française que conduisait alors l'habile main de Richelieu.

Charles-Emmanuel II, son fils, homme de plaisir, peu propre aux affaires, et d'ailleurs soumis au caractère absolu de sa mère, fut formé par elle à reconnaître la nécessité de cette influence et s'y conforma. Par suite, il épousa en premières noces Françoise d'Orléans, fille de Gaston, duc d'Orléans, frère de Louis XIII, maintenant ainsi la prépondérance préconisée par Marie-Christine. Puis resté bientôt veuf, il fit monter sur le trône ducal sa cousine, Jeanne-Baptiste de Savoie-Nemours, qui sans être Française de naissance, l'était par l'éducation, par les habitudes et les relations, — cette branche de la maison de Savoie étant établie en France et y jouissant d'une haute position. La mort de Charles-Emmanuel laissa bientôt l'administration dans les mains de cette princesse.

Jeanne-Baptiste, ainsi que nous l'avons dit, ne manquait ni d'intelligence pour les affaires ni du désir de faire le bien du pays dont elle se trouvait régente, mais elle subordonnait ce désir à son propre intérêt, qui lui désignait de s'appuyer sur la France, dont elle se sentait soutenue, qu'elle aimait, tout en la redoutant, et dont elle se ménageait l'assistance, par une condescendance si entière que l'on pouvait dire qu'elle recevait ses ordres du cabinet de Versailles.

Avec plus ou moins d'intensité, la politique de la France fut toujours la même à l'égard de la Savoie et du Piémont ; elle tendait à tenir ces deux pays dans la main, par domination d'influence et par alliance de famille, de manière à pouvoir s'en aider selon qu'exigeaient ses vues sur l'Italie. Le mieux eut bien été de s'en emparer ; c'étaient des provisions bonnes à posséder, et quel est le puissant État qui ne cherche pas à s'agrandir sur un faible voisin ? Quel est le dogue qui ne s'abat sur un roquet ? Mais tous les efforts tentés à cet effet avaient toujours été déjoués par la vaillance et l'habileté des princes de Savoie. Force était donc de recourir à d'autres moyens et de faire agir tous les ressorts de la politique, soit agressive soit conciliante, pour maintenir la prépondérance nécessaire et garder en laisse ces deux pays qui pouvaient être une aide ou un obstacle aux intérêts que l'on avait à régir en Italie.

Ces intérêts étaient grands ; ils concentrèrent pendant plusieurs règnes les efforts de la France vers cette belle contrée, et l'induisirent maintes fois à y faire passer des forces considérables. Elle avait eu d'abord à revendiquer la possession du royaume de Naples, qui lui revenait par les droits que Louis XI avait acquis de la Maison d'Anjou ; puis celle du comté d'Asti, assigné comme dot à Valentine Visconti, épouse de Louis Ier, duc d'Orléans ; puis enfin l'héritage du Milanais lui-même, qu'elle jugea lui devoir revenir par les droits antérieurs de cette même princesse — Philippe-Marie, dernier duc de Milan de la famille Visconti, étant mort sans laisser d'enfant mâle.

Aux guerres suscitées par ces diverses revendications s'adjoignirent ensuite celles qu'entraîna la rivalité de la France avec la Maison d'Autriche, dont elle cherchait à affaiblir la puissance jusque dans ses possessions italiennes. La Savoie, le Piémont devenaient nécessairement le passage des armées françaises pour entrer dans la Péninsule, et si ce passage n'était pas offert ou accepté de bonne grâce, il devait être imposé.

Charles VIII, cousin germain de Charles II, duc de Savoie, exploita avec bonheur cette parenté, quand il se rendit à la conquête de Naples. Blanche de Montferrat, régente pour le jeune duc, faisant, à contre-cœur, bon visage à cet hôte inquiétant, le reçut à Turin de la manière la plus cordiale ; le comte de Bresse, son beau-frère, oncle du roi de France, l'accompagna lui-même et lui fut d'un important appui dans les démêlés qui surgirent avec Rome et Florence.

Louis XII trouva la même facilité pour son entrée en Italie, quand il y vint revendiquer le comté d'Asti et le duché de Milan. Il fut splendidement reçu par Philibert II le Beau, qui le fournit même d'un corps de troupes auxiliaires, tout en se maintenant dans une absolue réserve, seul moyen de garantir ses États des coups qu'ils auraient pu ressentir d'une guerre si rapprochée.

François Ier parut à son tour, réclamant impérieusement de continuels passages au duc Charles III, son oncle, en l'accablant d'exigences. D'autre part, ce malheureux prince était pressuré par Charles-Quint, son beau-frère, antagoniste du roi de France. Compromis dans une aussi difficile position, il y succomba et fut si complètement dépouillé par François Ier, qu'à sa mort, il ne lui restait plus que la seule ville de Verceil. Son fils, Emmanuel-Philibert, obligé de vivre en dehors des États qui n'étaient plus en sa possession, prit le commandement de l'armée espagnole, défit les Français à Saint-Quentin, obtint pour prix de cette importante victoire la restitution de son duché, et scella par son mariage avec Henriette de France, sœur de Henri II, le rétablissement de la paix et de l'antique amitié entre les deux dynasties.

CHAPITRE IV

Toutefois, cette reconstitution du Duché de Savoie ne se fit pas sans apporter de notables changements dans les rapports des deux pays et modifier leurs vues politiques.

Emmanuel-Philibert, réintégré chez lui et instruit par le passé, s'employa à rendre ses États assez forts, pour résister au servage qui leur avait été jusque alors imposé. Il forma un corps de troupes régulières, fortifia des places de guerre et jeta les premières bases de la résistance. Mais si la France voyait se perdre cette entrée naturelle et facile en Italie, elle croyait pouvoir la remplacer, et travaillait depuis longtemps à s'en former une autre par le Marquisat de Saluces, petit pays couché à l'ombre du mont Viso et pouvant communiquer directement avec la France par les Alpes Briançonnaises. Le Dauphiné était à peine réuni à la France, que la pensée de cette possession entrait dans les vues de ses rois, et déjà Charles VII voulait établir que ce Marquisat fût une « mouvance du Dauphiné ». Louis XI, renchérissant, essaya de s'emparer du pays à main armée. Ses successeurs, dans le même but, travaillèrent à établir leur influence et à désunir les marquis de Saluces des ducs de Savoie, auxquels ils devaient hommage.

Quand vint la grande époque des guerres de la France en Italie, les rois Charles VIII, Louis XII et François Ier agirent directement sur les souverains du Marquisat, cherchant à se les attacher, leur donnant des commandements considérables dans leurs armées, où ces princes rendirent de brillants services. Quatre frères, n'ayant laissé aucune lignée, se succédaient alors sur ce petit trône. Selon Denina, le dernier, Gabriel, devenant suspect à la France, fut emprisonné à Pignerol et y mourut empoisonné. Henri II, déjà maître de la Savoie et d'une grande partie du Piémont, fit occuper le Marquisat, sans tenir compte des réclamations faites par les prétendants.

En 1578, Henri III chargea Nogaret de La Vallette (depuis duc d'Epernon) de prendre en son nom possession du Marquisat de

Saluces et de mettre garnison dans ses villes. Emmanuel-Philibert, alors rentré dans ses États, s'employait uniquement à les reconstituer et à les relever de la presque destruction qu'ils avaient éprouvée, par suite de vingt-trois ans de guerre et de possession étrangère. Ne les jugeant encore en état de reprendre les armes, il ferma les yeux sur l'acte de Henri III, et se renferma dans la sage pensée d'attendre des temps meilleurs, qui permettraient à sa Maison de revendiquer efficacement ses droits méconnus.

Ce fut son propre fils, Charles-Emmanuel Ier, qui mit cette pensée à exécution. Il réclama à Henri IV, les armes à la main, la possession du Marquisat de Saluces ; le roi s'y étant refusé, il s'ensuivit une guerre de plusieurs années que termina une transaction, signée à Lyon, en 1601, par laquelle Charles-Emmanuel cédait au roi de France les pays de Bresse, Bugey, Gex et Valromey — formant à peu près l'actuel département de l'Ain — et recevait en échange la propriété du Marquisat de Saluces. Henri IV y gagnait un avantageux arrondissement de sa frontière, mais il perdait son pied en Italie ; et quoique son acquisition fût territorialement cinq fois plus grande que celle de son adversaire, elle manquait au but de la guerre, annulait le travail de ses prédécesseurs, et Lesdiguières la jugeait défectueuse, disant : « Le roi de France a fait une paix de marchand, et Monsieur de Savoie a fait une paix de roi. »

C'était dans une pensée analogue et par prévision éloignée d'éventuelle acquisition vers les confins alpins, que François Ier avait attiré en France le chef d'une branche cadette de la Maison de Savoie, dite des comtes de Génevois, à laquelle il était apparenté par sa mère, Louise de Savoie, et qu'il apanagea des Duchés de Nemours et d'Aumale. Mais ces vues politiques furent annulées par le mariage de la dernière de cette lignée, Jeanne-Baptiste de Savoie-Nemours, avec son cousin, Charles-Emmanuel II, ce qui fit rentrer dans la main des ducs de Savoie les provinces convoitées du Faucigny et du Génevois.

Richelieu, qui regrettait beaucoup la perte du Marquisat de Saluces et l'entrée que par ce pays il pouvait avoir en Piémont, voulut en retrouver l'avantage par la possession d'une ville peu distante, et offrant des moyens à peu près semblables de communication par les Alpes. Ayant obtenu, par l'entremise inconsciente de Marie-Christine de France, épouse de Victor-Amédée Ier, d'amener ce prince à contracter alliance avec Louis XIII, son beau-frère, et à l'aider d'un corps de troupes pour le soutien de ses revendications sur le Duché de Mantoue, il se fit remettre, comme dépôt, la place forte de Pignerol, y établit garnison et refusa de la rendre à l'expiration des engagements contractés. Le duc fit d'énergiques mais inutiles protestations : Pignerol resta dans les mains de la France.

A l'époque où nous en sommes venus, Louis XIV était donc en possession de cette forte place, pouvant atteindre à la frontière française par les Vallées Vaudoises, contiguës à Fénestrelle, et dans laquelle il entretenait un gouverneur et un corps de troupes considérables. Non content de cette importante position, il venait de passer un contrat avec le duc de Mantoue, qui lui mettait dans les mains la forteresse de Casal, où il établit une garnison française, de manière que la capitale du Piémont se trouvait resserrée entre deux places de guerre qui surveillaient tous ses mouvements. La régente n'aurait pas été sans moyens pour arrêter une aussi fâcheuse négociation ; elle se contenta de la retarder quelque temps et n'osa l'empêcher, par crainte du courroux de Versailles.

CHAPITRE V

On peut supposer qu'un tel état de sujétion tenait le pays dans un extrême mécontentement et le faisait gémir de la faiblesse de son gouvernement. Quant au jeune duc, Victor-Amédée II, malgré son âge et l'éloignement où on le tenait des affaires, il se rendait compte de tout ce qui se passait et en frémissait de dépit, se remplissant le cœur de la pensée que, lorsqu'il tiendrait en main les rênes du gouvernement, il les conduirait de tout autre manière et travaillerait à se rendre indépendant.

C'était un prince de grande espérance et qui faisait le charme de la cour par sa bonne grâce et son esprit. La marquise de Villars, ambassadrice de France à Turin — quoique peu disposée pour cette cour, qu'elle n'aimait pas, — en écrivait toutefois avec beaucoup d'éloges à M. de Pomponne. Lui parlant de ce prince, alors âgé de douze ans : « Je n'ai jamais rien vu — lui dit-elle — de plus joli... Il est le plus aimable enfant que l'on puisse voir ; on ne se peut représenter l'esprit, la finesse et la pénétration qu'il a. » Et malgré son peu de sympathie pour la mère, elle ne peut se soustraire à la vanter aussi. « Je vous dirai — écrit-elle au même ministre — que cette petite et orageuse cour est gouvernée par une très belle et charmante souveraine. » Et, dans une autre lettre : « Madame Royale est fort charmante, de son esprit et de sa personne[1]. »

---

1. L'une des raisons des difficultés entre la régente et l'ambassadrice provenait de l'injonction faite par Louis XIV de ne rendre les honneurs de souveraine à la duchesse de Savoie qu'autant qu'elle fût de la Maison de France. Ces honneurs avaient été rendus à Marie-Christine, belle-mère de Jeanne-Baptiste, et ne pouvaient l'être à celle-ci, selon les vues du roi. Par suite, la marquise de Villars devait s'asseoir dans un fauteuil devant la régente et refuser le tabouret. Pour éviter l'affront, Madame Royale ne voulait donner audience, et offrait de rencontrer l'ambassadrice dans une fête où toutes deux se seraient trouvées debout ; mais Mme de Villars esquivait l'expédient et voulait user de son droit. Louis XIV,

Il semblerait que la tendresse aurait dû présider aux rapports de cette princesse et de son fils, et que le cœur de Jeanne-Baptiste devait s'enorgueillir de voir celui-ci si bien doué, mais il n'en était rien. Ce qu'elle voyait surtout en lui, c'était la force et la détermination de son caractère ; c'était ce droit inaliénable qui le rendait successeur de son autorité. Au moins se proposait-elle de conserver cette autorité le plus longtemps possible, et un mariage qu'elle préparait pour le jeune duc — quoiqu'il n'eût encore que treize ans — lui en aurait été l'assurance. D'accord avec le cabinet de Versailles, elle se proposait de lui faire épouser l'héritière du royaume de Portugal, fille de sa propre sœur, Mademoiselle d'Aumale. Cette princesse figure dans les Mémoires de Saint-Simon et y est présentée comme ayant « répudié, détrôné, enfermé, expatrié le roi, son mari, et épousé le frère de ce premier mari ; lequel frère, durant sa vie, ne porta le titre que de régent ». Cette peu sympathique souveraine, selon le dire du célèbre écrivain, avait une fille unique, Donna Isabella-Luisa, qui devait occuper le trône après sa mère. En réalisant cette singulière union, Jeanne-Baptiste se ménageait l'avantage de conserver indéfiniment la régence ; et Louis XIV voyait rester à la tête du Duché une personne qu'il dirigeait à son gré, rendant ce petit Etat — ainsi privé de son chef — toujours plus maniable.

Victor-Amédée, comme on doit bien le penser, n'avait point été consulté, et c'était avec une tristesse profonde qu'il voyait se faire les préparatifs de cette expatriation. Quant à ses sujets, ils s'en indignaient, et la noblesse surtout montrait sa désapprobation ; mais Madame Royale n'en tenait compte. Un complot se forma contre elle, dirigé par trois conseillers de régence, le marquis de Pianezza, le marquis de Saint-Martin de Parella et le comte Provana de Druent, tous représentants de la plus haute noblesse du pays. Ils prirent leurs mesures pour faire arrêter la régente et déclarer la majorité de son fils, qui approchait de quatorze ans. Mais Jeanne-Baptiste, prévenue à temps, les fit eux-mêmes arrêter. Puis, pressant la conclusion du mariage, elle en fixa l'accomplissement au printemps suivant, 1682.

Cette époque venue, on vit apparaître à Nice une flotte portugaise qui mouilla dans le port de Villefranche ; et son comman-

---

qui avait alors besoin de la bonne volonté de la cour de Turin pour le succès d'une négociation, prit le parti de rappeler le marquis de Villars et de substituer à l'ambassadeur un simple chargé d'affaires.

dant, le marquis de Cadoval, se rendit en grande pompe à Turin, pour porter son hommage au jeune prince et l'emmener dans sa nouvelle patrie. Mais, soit que le chagrin que ressentait Victor-Amédée eût été assez grand pour le rendre malade, soit qu'il eût feint de l'être pour empêcher un départ auquel il ne pouvait se résoudre, toujours est-il que la députation portugaise le trouva dans son lit et hors d'état de s'embarquer. Elle attendit quelques semaines pendant lesquelles la cour de Lisbonne, mise au courant et peu satisfaite de la santé du jeune duc, abandonna son projet matrimonial et donna l'ordre à sa flotte de ramener ses voiles vers le Tage.

Ce fut dans tout le Duché une joie générale, et dont l'on ne se cacha point. La population de Turin se portait en masse sous les fenêtres du prince et l'acclamait avec transport. Et lui, savourant de telles démonstrations, se remplissait le cœur de la volonté, toujours plus accentuée, de se dévouer au peuple dont il se sentait aimé.

Il devenait urgent de prévenir par un autre mariage, mieux adapté aux intérêts de l'Etat, les fâcheuses velléités qui pourraient encore surgir dans l'esprit de Madame Royale. Le président Trucchi, homme considéré, déjà ministre sous le précédent règne et alors conseiller de régence, prit la chose en main et proposa l'union de Victor-Amédée avec Anne-Marie-Louise, fille de Cosme III, duc de Toscane. Les rapports étaient bons et même amicaux entre les deux cours; et si le Piémont sentait le besoin de s'appuyer sur les forces internes de l'Italie, celle-ci montrait sa propension pour la valeureuse dynastie qui voulait tenir tête à l'étranger. La proposition fut donc accueillie avec faveur par le duc de Toscane; il ouvrit une correspondance à ce sujet avec le président Trucchi, correspondance tenue si secrète — à cause de la surveillance redoutée de Versailles — que les traces ne s'en retrouvent qu'à Florence et ne paraissent nullement dans les archives de Turin.

Victor-Amédée fut satisfait du choix; il en mesurait avec sagacité l'avantage. Sa pensée se portait de préférence sur la figure de son aïeul, Charles-Emmanuel Ier, qui avait énergiquement jeté le premier cri d'indépendance. Mais sa mère ne pensait pas de même; elle sentait que ce mariage déplairait à la France et n'osait s'y résoudre. D'ailleurs, elle avait perdu le désir de marier son fils du moment qu'il ne s'agissait plus de l'éloigner. Un mariage, au contraire, l'émancipait. Elle fit traîner les choses en longueur, tandis qu'il eût fallu les conduire avec célérité. Elle mettait sur table d'autres propositions, et de fait, il en arrivait d'avantageuses·

de diverses autres cours, notamment de celle de Vienne. Pendant que le temps se perdait ainsi, « Paris était attentif à épier le secret », comme le disait plaisamment le président Trucchi, et il y arriva. Louis XIV fut informé et ne cacha point son mécontentement. Il ne lui plaisait nullement de voir la Maison de Savoie pencher vers d'autres aspirations que celle de tenir sa grandeur attachée à celle de la France. Sous prétexte de raffermir l'autorité de la régente, troublée par les difficultés qui surgissaient entre elle et son fils, Louvois lui fit obligeamment savoir qu'il donnait ordre à 3000 hommes de troupes de passer la frontière et de se rendre en Piémont. En même temps, le chargé d'affaires de France à Turin avertissait Madame Royale que Louis XIV désirait marier le jeune duc avec une princesse de son sang. La régente porta la communication à son conseil, lequel jugea qu'on ne pouvait manquer de déférence aux volontés d'un voisin qui en soutenait l'émission par l'envoi de 3000 hommes, indépendamment des deux garnisons déjà fixées dans le pays ; et il se rendit à la proposition du roi de France. Ce fut alors que le choix du grand monarque se porta sur sa nièce, Anne d'Orléans.

Les princes peuvent rarement décider de leur cœur et, moins qu'à toute autre personne, il leur est permis d'en écouter l'impulsion. Celle de Victor-Amédée était loin de le pousser de l'autre côté des Alpes, mais ne pouvant l'empêcher, il jugea que le mieux était d'en prendre son parti de bonne grâce et de suivre, sans regrets, la tradition de ses pères qui, presque constamment, s'étaient alliés à la Maison de France. Une fois sa résolution prise, il poussa à la conclusion.

Il n'en était pas de même de Madame Royale, elle tergiversait. Pour elle, c'était le moment venu de quitter la régence ; ce mariage en décidait. Elle tâchait, toutefois, de gagner du temps. Le marquis de la Marmora, chargé d'affaires de Turin à Paris, recevait les ordres les plus contradictoires : du duc, ceux d'aller en avant ; de Jeanne-Baptiste, ceux de susciter des obstacles.

Victor-Amédée avait dix-huit ans ; depuis quatre ans déjà, il aurait dû être investi du pouvoir, et ne s'abstenait de le réclamer que par égard pour sa mère. Les difficultés qu'elle apportait à un mariage dont la nécessité était démontrée, le décidèrent à agir selon ses droits, et il le fit par un acte qui témoigna de l'énergie qu'il allait désormais déployer. Sous prétexte de chasse, il se rendit au château de Rivoli, belle résidence ducale aux environs de Turin, y menant sa maison militaire et grand nombre de gentilhommes.

De là, il écrivit aux ministres, leur enjoignant de s'adresser dorénavant à lui seul pour la direction des affaires.

Madame Royale avait été secrètement avertie quelques heures avant le coup d'Etat. Elle se hâta de prendre les devants et écrivit à son fils, comme ignorant sa démarche, et jugeant le moment venu de lui rendre les pouvoirs. Elle savait qu'il n'y avait pas à lutter et dès lors se retira complètement; mais la froideur dès longtemps établie entre elle et son fils ne fit que s'accentuer davantage.

CHAPITRE VI

Aucune difficulté ne venant plus arrêter les dispositions prises pour le mariage du duc de Savoie avec la princesse d'Orléans, le contrat en fut signé par le roi, le 9 avril 1664. Anne n'avait pas encore seize ans. Elle était de taille élevée et montrait le type de beauté de la Maison de Bourbon : figure ovale, front haut, yeux bien placés, nez aquilin, lèvres riantes, air de dignité tempéré par l'expression de la bonté. Son portrait, envoyé au duc dès le début des négociations, lui avait plu, et il l'avait fait porter dans sa chambre, à l'insu de sa mère.

La première lettre de Victor-Amédée fut mise sous les yeux de la princesse avec l'étiquette exigée dans les maisons royales. Le marquis de la Marmora y assistait et il écrivait à son jeune maître « qu'elle l'avait lue en rougissant ». Quelques jours après, il écrivait encore : « Hier matin, allant faire ma cour à Mademoiselle, je l'ai vue danser, et j'ose dire qu'il ne se peut absolument danser mieux, avec plus de grâce, décor et gravité de vraie princesse ».

Elle se montrait heureuse et son entourage partageait sa satisfaction. Sa belle-mère, la duchesse d'Orléans, écrivait « qu'elle eût désiré semblable fortune pour sa fille ».

Pendant que se discutaient minutieusement les importants détails de l'étiquette à observer pour la circonstance, Anne faisait aussi ses plans et formait, au point de vue de ses affections, la liste des personnes qu'elle croyait pouvoir emmener avec elle ; mais là commença la série des sacrifices qui — de ce jour, généralement — se déroulent dans la vie des femmes. Elle apprit avec tristesse que son cortège français s'arrêterait à la frontière, devant céder le pas à la maison, toute constituée, qui lui arriverait de Turin. Elle eût enfin voulu que son père, qu'elle aimait profondément, présidât à son repas de noces ; mais d'autres difficultés s'y opposaient, et il ne devait même pas y paraître, vu qu'il n'y pouvait prendre rang qu'après sa fille, laquelle, devenue princesse régnante, prenait le pas sur un simple prince du sang. La peine qu'elle en éprouva la porta à demander qu'il n'y eût pas de repas d'étiquette ; elle déjeunerait seule et se mettrait de suite en route, pour entreprendre son grand voyage.

Louis XIV, satisfait de cette union, dotait sa nièce de 900.000 francs, somme considérable pour l'époque. Il y adjoignait pour 60.000 francs de bijoux et 240.000 francs prélevés sur les intérêts de la dot de sa mère, Henriette d'Angleterre. Victor-Amédée lui offrait pour 80.000 francs de joyaux et lui assurait un traitement annuel de 100.000 francs et un douaire de 40.000 francs. Le marquis de la Marmora faisait savoir à son maître que l'arrivée des bijoux avait fait sensation à la cour de France, « que le roi lui-même en avait loué le bon goût, parlant de ces objets comme de choses vraiment dignes et superbes ». L'assentiment du marquis de Dangeau n'y fit non plus défaut ; il insérait dans son Journal « que Monsieur de Savoie envoya à Mademoiselle des présents magnifiques, entre autres un très beau fil de perles ».

Le mariage fut béni par le cardinal de Bouillon, le 10 avril 1664. Anne se rendit à l'autel, conduite par le duc du Maine, représentant pour le roi, et par le comte de Magliano, envoyé extraordinaire du duc de Savoie pour cet office. Elle portait une robe de drap d'argent, dont la traîne mesurait sept aunes, c'est-à-dire près de neuf mètres. Mademoiselle de Chartres, sa jeune sœur, avait mission de surveiller la bonne démarche de cette queue monumentale, garnie, comme tout le reste de la toilette, de perles et de diamants.

Les princes et les princesses qui assistaient à la cérémonie, notamment Mgr le Dauphin et Monsieur, duc d'Orléans, étaient vêtus d'habits de toute richesse et chargés de pierreries. Le marquis de la Marmora, qui, dans sa correspondance, ne laisse passer aucun détail, écrivait : « Il ne s'est vu depuis longtemps une telle magnificence, ni assemblée si nombreuse et si noble que celle-ci, et tous, le roi lui-même, avec les apparences de la joie. »

Après la cérémonie, le roi offrit la main à la jeune duchesse de Savoie et la conduisit à son carrosse, en discourant de son estime pour le duc et répétant plusieurs fois qu'il était content. Il paraissait ému de se séparer d'elle. Anne monta en voiture et y fit monter avec elle la comtesse de Lillebonne et ses deux filles, qui devaient l'accompagner jusqu'à la frontière, ainsi que sa gouvernante, la maréchale de Grancey. Elle se rendit à son appartement, y déjeuna seule, changea sa magnifique parure contre des habits de voyage et se mit en route, avec sa suite et son père qui la conduisit jusqu'à Juvisy, sa première étape, où il se sépara d'elle avec beaucoup de marques de tendresse, auxquelles elle répondait par un profond attendrissement.

Victor-Amédée, de son côté, s'achemina vers elle et se rendit à Chambéry, où une grande réception lui fut faite. Il accueillit toute la noblesse, donna des bals aux dames et ne manquait d'envoyer un écuyer complimenter la duchesse à chaque étape de son voyage.

Quand il sut qu'elle approchait, il se rendit au Pont-de-Beauvoisin, pays de frontière où devait se faire la rencontre. Il était à la tête de sa maison militaire, « en grande parade et tymbales sonnantes », escorté d'un nombre infini de gentilshommes savoyards et piémontais.

Anne, qui était arrivée la première selon que le voulait l'étiquette, se trouvait à table et déjeunait, quand on l'avertit que l'on apercevait le duc ; elle se précipita à la fenêtre et, le voyant approcher, elle descendit vivement l'escalier, traversa la rue et vint se jeter dans ses bras. Le prince, ému et charmé d'un tel élan, l'embrassa avec tendresse, « et ils échangèrent quelques moments, dit un témoin oculaire[1], ces premiers sentiments qui battent dans tous les cœurs ».

Malgré la froide raison qui avait présidé à leur recherche, et qui seule avait agi jusqu'alors, ils subissaient tous les deux cet attrait naturel qui porte l'un vers l'autre des cœurs jeunes et aimants.

Ils arrivèrent à Chambéry à six heures du soir. La ville était en fête ; les populations, accourues de tous côtés, remplissaient l'air de leurs vivats ; les montagnes s'éclairaient de feux de joie, et les continuelles explosions de la mousqueterie saluaient l'entrée des souverains. Ils descendirent d'abord à la cathédrale, où leur union fut bénie, eux présents, par l'évêque de Grenoble — qui régissait alors les deux diocèses réunis. — Puis ils se rendirent à pied au château ducal qui domine la ville, suivis d'une foule immense. Alors Victor-Amédée, prenant la jeune duchesse par la main et se tournant vers la foule, lui présenta avec émotion celle qui venait partager avec lui l'affection qu'il nourrissait pour ce peuple fidèle.

La présentation des dames formant la maison de la duchesse

---

1. Le comte Scaravello, gentilhomme de la chambre.

succéda à cette scène enthousiaste; c'étaient la princesse de la Cisterne et la marquise del Maro; puis furent reçues toutes les dames
de la noblesse. Anne, fatiguée d'émotions si vives et continues et
d'une si longue représentation, demanda du repos. Elle soupa seule
avec le duc et la cour; puis reparut l'évêque, qui, selon la coutume
de cette époque, vint bénir le lit nuptial.

Le lendemain matin, le duc et la duchesse, accompagnés de
toute leur maison, dames, gentilshommes, pages et valets, se rendirent, comme premier acte, à l'église, pour y entendre la messe;
louable habitude de nos pères qui ne croyaient bien commencer leur journée, s'ils ne la mettaient sous la protection du Dieu
qui règle les cœurs et conduit les pensées.

Puis vint le moment douloureux de devoir se séparer du cortège
français qui avait suivi jusqu'alors la princesse. Anne, toute en
larmes, donna un long adieu à ces personnes aimées, soigneuses
de son enfance; à ses jeunes amies, les demoiselles de Lillebonne;
aux gentilshommes de service qu'elle avait toujours vus si empressés autour d'elle et qui la quittaient, tous, avec le regret que
méritaient ses aimables et nobles qualités. Ils retournèrent en
France, comblés des présents du duc. Anne ne put garder auprès
d'elle que sa nourrice et deux femmes de chambre, dont elle se
se sépara plus tard.

CHAPITRE VII

L'arrivée de la jeune duchesse à Turin la remit en présence des mêmes démonstrations qui l'avaient attendrie en Savoie. Les habitants de cette ville, profondément attachés à leur dynastie, reçurent avec enthousiasme la jeune souveraine leur apportant un visage empreint de confiance et de bonté. Suivant l'historien Brunoni, « elle était d'un naturel séduisant, gaie, affable, spirituelle, d'une jolie désinvolture, et vraiment formée pour plaire au génie du peuple qu'elle était appelée à gouverner ».

Madame Royale, dominant ses personnelles impressions, vint au-devant d'elle jusqu'à Rivoli et lui fit un aimable accueil, auquel Anne répondit par un véritable empressement, montrant des égards dont jamais elle ne se départit, et lui cédant, dès ce jour, la première place. Elles entrèrent ensemble à Turin, à deux heures de la nuit, et trouvèrent la ville éblouissante de lumières et sous l'éclat des feux d'artifice. Toute la population, debout et en fête, acclamait leur arrivée; beaux débuts faits pour remplir le cœur des jeunes femmes qui en sont l'objet, de joies assez réelles, assez profondes, pour contrebalancer longtemps les peines qui ne manqueront de suivre et qui, peut-être, rempliront leur vie!

Pour Anne d'Orléans, la vie commença tressée de roses; le duc lui plaisait et conquit de suite son cœur. S'il n'avait plus le charme de l'enfance, il continuait d'être bien de sa personne, « d'une taille moyenne, dit Frezet, mais svelte et bien prise; son port était libre et fier, son air martial, sa physionomie animée, ses traits prononcés. Il tenait du sang des Nemours les cheveux blonds et les yeux bleus et vifs ». Anne, en lui reconnaissant, en même temps que les avantages de la jeunesse, un sérieux de jugement singulièrement au-dessus de son âge, conçut pour lui un sentiment d'admiration dont aucun chagrin, aucun juste sujet de plaintes ne la firent jamais se départir. Longtemps elle se crut aimée, et cette illusion lui tint lieu de bonheur. Victor-Amédée, cependant, épuisa bien vite les premiers mouvements d'empressement qu'il avait ressentis pour elle. Une seule passion remplissait son cœur, celle de son pays ; une seule pensée le dominait, celle d'améliorer le sort de son peuple, qu'il aimait et qu'il voulait rendre fort et et indépendant.

Il avait le caractère martial, comme tous ceux de sa race, et le montra dès son jeune âge. A douze ans, comme on parlait devant lui de la mauvaise issue d'une guerre entreprise par son père contre la République de Gênes, et que celui-ci n'avait pas dirigée : « Jamais, dit-il, je ne ferai la guerre sans être à la tête de mes armées, et je recommanderai à mes successeurs d'en faire autant. » Et comme il fut fidèle à cette résolution et que la guerre fut l'état presque permanent de son règne, on peut juger de l'isolement que connut la duchesse. Elle s'en attristait et passait par mille inquiétudes pour la santé du duc, qui ne fut jamais vigoureuse ; elle désirait avoir de ses nouvelles et n'osait lui écrire, l'ayant d'abord beaucoup fait et de manière à le fatiguer ; car il n'aimait guère à écrire pour autre chose que pour ses affaires. Alors elle s'adressait au marquis de Saint-Thomas, ministre de confiance de Victor-Amédée, qui était un excellent homme et aussi dévoué à elle qu'à son prince. Avec un soin vigilant, il faisait parvenir ses lettres à leur adresse et y répondait lui-même. Elle se trouvait ainsi tout au moins renseignée et rassurée.

Ainsi que nous l'avons dit, on possède aux archives de Turin environ deux cents lettres d'Anne d'Orléans, adressées soit à son mari soit à d'autres personnes, et dans toutes apparaît un sentiment de tendresse inquiète, expression d'un cœur complètement épris. Mais dans le volumineux dossier de la correspondance de Victor-Amédée II, il n'existe aucune lettre de celui-ci adressée à sa femme, soit qu'il négligeât de lui répondre — surchargé, qu'il était, d'autres affaires, — soit qu'il préférât lui envoyer quelque courrier de cabinet.

Lorsque, dans ses absences, Anne le savait malade — ce qui eut lieu plusieurs fois, — alors son inquiétude n'avait plus de bornes ; elle lui écrivait et le suppliait de l'appeler près de lui. « Donnez-moi cette consolation, lui disait-elle ; ce serait la meilleure preuve d'affection que je pourrais avoir de vous. Je vous assure que je viendrai seule, sans aucun embarras ; mes deux dames me suffisent ; je serai contente d'être près de vous et vous verriez ce que peut faire une tendre affection. Je ne négligerai rien de ce qui pourrait vous faire connaître que je vous aime plus que ma propre vie. »

Dans ses relations avec sa famille, elle avait le plus grand soin d'éviter tout ce qui pourrait offusquer le duc et donner le moindre choc à sa susceptibilité. Elle réglait sa conduite sur la sienne et, loin de se mêler d'aucune affaire, elle évitait même d'en parler. Sa délicatesse allait jusqu'à mettre sous ses yeux les lettres qu'elle recevait de ses parents, pour le rassurer sur l'absence de toute intrigue. Un jour, le marquis d'Arcy, chargé d'affaires de France, profitant de l'absence du duc, et malgré l'opposition qu'elle cherchait à faire, voulut l'entretenir de quelques négociations entamées avec Victor-Amédée, et dont on la priait de s'occuper. Au courant de la conversation, il ne se retint de lui dire quelques mots sur la jalousie qu'il supposait que le duc de Savoie devait ressentir de la puissance de Louis XIV. Anne fut offensée ; elle répondit vivement « que le duc n'avait nullement un caractère envieux ; qu'elle était même persuadée qu'il voyait avec plaisir les avantages qui pouvaient revenir au roi, mais qu'il avait plus de plaisir encore au bien de ses affaires, ce qui était plus que naturel ». Puis elle écrivit au duc, lui rendant compte de cette conversation et d'une lettre de son père que, selon son habitude, elle lui communiquait, et elle terminait par cette phrase touchante : « De ma vie, je n'aurai rien de caché pour vous, ni rien de séparé en rien... Je suis plus à vous qu'à moi-même. »

On aimerait voir le duc correspondre à tant d'abandon et être l'homme affectueux que méritait un cœur si généreux. Chez lui, la tendresse pour la duchesse fut remplacée par la confiance, et il lui en donna des preuves soutenues, la tenant au courant de ses affaires, lui remettant le gouvernement quand il s'absentait, la séparant complètement de la défiance qu'il avait généralement de tout le monde. Et elle, cœur élevé autant qu'affectueux, sentait le prix de cette attitude et y donnait une valeur proportionnée à l'estime qu'elle faisait de ses talents.

Là-dessus, elle ne se trompait point, car si Victor-Amédée est peu satisfaisant comme mari, il mérite l'admiration comme souverain. A dix-huit ans, il avait la maturité d'un homme de quarante ans, et à cet âge où les jeunes gens savent à peine ce que signifie le mot affaires, il dirigeait toutes les parties de l'administration en praticien consommé. Quoique sa mère eût pris à tâche de le tenir loin du gouvernement, il en possédait la science, et l'on eût dit que les choses de l'État étaient naturelles pour lui ; il les avait sous les yeux classées comme dans un grand casier dont il connaissait tous les compartiments.

Aussi les fêtes pour cet heureux événement de son mariage n'étaient pas terminées, qu'il se consacrait tout entier au travail de son cabinet, oubliant cette jeune femme, qui ne pensait qu'à lui. Si Louis XIV, en lui donnant sa nièce, avait cru se créer un neveu à sa disposition, il était tombé dans une complète erreur. Tous les actes de Victor-Amédée, dès ses premières années, portèrent l'empreinte d'une volonté absolue de se soustraire à l'influence étrangère et de gouverner pour l'unique avantage de son peuple. Cette pensée du bien de son peuple le dominait tellement, qu'elle lui ôtait même le goût du plaisir et de toute dépense personnelle; il ne visait qu'à épargner pour soulager la chose publique, et pour se mettre en état de pouvoir fournir à toutes les éventualités de son règne.

L'abbé d'Estrades, chargé d'affaires de Paris à Turin au moment de son mariage, avait la spéciale mission de rendre compte au roi de ce qu'était le duc. Il écrivait à Louis XIV, trois jours après l'arrivée du couple ducal : « Il (le duc) a toutes les dispositions nécessaires pour acquérir un jour une grande réputation, mais il sera très sévère, et est plus disposé à l'économie que cela ne convient à un prince de son rang. »

En effet, il ne se montrait large que dans de certaines occasions, quand il s'agissait du décor de sa couronne ou du soulagement de quelque calamité publique, mais dans sa maison il était ordonné et se refusait à tous frais inutiles. La guerre était dans sa pensée; il la prévoyait inévitable et jugeait devoir s'y tenir prêt, tant par le développement de l'armée que par le soin des finances. Établi avec sa cour à la Vénerie, beau palais bâti par son père à trois lieues de Turin, il y employait son temps, en dehors du travail de cabinet, à s'occuper de ses troupes, à les inspecter et à les passer en revue et, sous prétexte de chasse, à s'exercer à la fatigue et à l'habileté de l'écuyer. D'Estrades s'en inquiétait, en informait le roi, jugeait ce prince trop sérieux, trop attentif aux soins militaires, trop épris des plaisirs équestres, « et vivant avec sa femme comme s'il fût marié depuis vingt ans ».

CHAPITRE VIII

L'observation du diplomate français ne se portait pas seulement sur la vie publique de Victor-Amédée, mais elle s'attachait à sa tenue privée. Il signalait à Louis XIV l'attention que le duc avait pour la marquise de Prié, attention si légère, cependant, qu'il n'en perce rien dans les lettres de la duchesse datant de cette époque, toutes empreintes d'un seul sentiment, celui d'un plein bonheur.

Mme de Prié, née de Saluces, étant encore jeune fille, avait été remarquée par Victor-Amédée, — lui-même adolescent. Madame Royale, attentive et soupçonneuse, se hâta d'arranger le mariage de Mlle de Saluces avec le marquis de Prié; mais la position de ce gentilhomme à la cour y avait ramené sa femme, et le duc ne la voyait pas sans quelque satisfaction.

Bientôt un fait plus important attira l'attention du chargé d'affaires français; le duc émettait le projet, sous prétexte de plaisir, de se rendre à Venise. Ce motif, cadrant peu avec ce que l'on voyait de son caractère, fit supposer quelque autre mobile; celui-ci, par exemple, d'aller voir sur les lieux ce qu'était la coalition que les princes allemands organisaient contre Louis XIV. Sitôt cet avis reçu, le roi de France fit savoir au duc de Savoie, par la voie de d'Estrades, que s'il avait à sortir de ses États, il y ferait passer sept ou huit mille hommes de troupes pour les garder en son absence. Victor-Amédée dut renoncer à son projet et renfermer en lui-même le mécontentement qu'il en ressentait.

Un autre incident vint bientôt le surexciter. Le prince Philibert de Carignan, son oncle, héritier du trône ducal, tant que Victor-Amédée n'aurait pas de fils, et jusqu'alors célibataire, avait pris la pensée de se marier. Ce prince était né sourd-muet, mais il avait un bel extérieur, l'esprit très élevé, et avait reçu, d'un prêtre espagnol — le Père Ramirez, qui s'était chargé de son éducation, — une instruction fort remarquable, particulièrement dans l'art des fortifications, où il était de première force. Il s'était ainsi rendu très utile, malgré sa défectueuse organisation, et il vivait dans son château de Racconigi, entouré d'une grande considération. Il avait déjà cinquante-cinq ans, quand il se lassa de sa solitude et demanda la main de la princesse Catherine d'Este, fille du duc de Modène. Quoique les négociations fussent conduites avec prudence — toujours pour ne pas éveiller l'attention de Versailles, — Louis XIV en saisit le fil et invita le duc de Savoie à refuser son consentement au choix fait par son oncle. Victor-Amédée fut très embarrassé, car, s'il désirait satisfaire Louis XIV, il ne voulait pas contrister un parent qu'il aimait et pour lequel il avait toujours eu les plus grands égards. Il s'en ouvrit avec lui et lui conseilla de suivre son exemple, et s'il maintenait l'intention de se marier, d'accepter une femme de la main du roi. Mais le prince de Carignan n'entra point dans cette idée et, sans rien conclure, il se retira chez lui et parut se renfermer dans son habituelle solitude.

Ce projet semblait donc abandonné, quand se répandit la nouvelle que la princesse Catherine d'Este, venue secrètement au château de Racconigi, y avait épousé sans bruit le prince de Carignan. L'irritation de Louis XIV fut extrême, et la première manifestation en tomba sur la vieille princesse de Carignan, mère de Philibert, et sur sa fille, qui toutes deux vivaient à la cour de Versailles (cette princesse de Carignan étant du sang de France et la dernière de la branche de Bourbon-Soissons). L'agent d'affaires du duc de Modène à Paris dut aussi quitter immédiatement son poste. Puis enfin, communication fut faite au duc de Savoie, lui enjoignant de faire partir le prince de Carignan et la princesse, sa femme, pour Bologne; et de procéder à l'annulation de leur mariage.

De tels faits ont de quoi étonner, et l'on ne peut s'empêcher de ressentir l'odieux d'un tel despotisme. Il faut cependant remarquer combien grande était la perspicacité de Louis XIV, qui, deux siècles à l'avance, saisissait la pensée de l'Italie, entrevoyait son effort d'unité ou tout au moins d'indépendance, travail embryonnaire, encore à peine soupçonné, mais que son œil savait reconnaître. Plus profond politique que le neveu du grand Napoléon, il n'eût certainement pas envoyé les soldats de la France combattre sur les champs de bataille de Magenta et de Solferino.

Victor-Amédée, ne pouvant tenir tête à une volonté aussi nettement exprimée, réunit un conseil ecclésiastique, présidé par l'archevêque de Turin, et le chargea de décider de la question; cette assemblée, intègre en ses considérations, déclara le mariage valide et les enfants qui en pourraient naître aptes à succéder au trône.

Restait l'exil; on ne pouvait l'éviter. A l'entrée de l'hiver, par un temps de pluie désolante, recevant les adieux des nombreux tenanciers tout en larmes, le prince et la princesse de Carignan, et leur suite, montèrent dans leurs carrosses de voyage, dont la longue file avançait lentement, s'embourbant dans les chemins effondrés; et ils s'unissaient, dans leur cœur, aux imprécations qui se faisaient autour d'eux contre la prédominance étrangère. Le voyage dura quinze jours; Philibert arriva malade et profondément attristé. Il s'installa avec résignation dans la vieille cité pontificale, et trouva heureusement dans les soins empressés de son excellente compagne un adoucissement au traitement immérité.

Une année se passa, pendant laquelle Victor-Amédée s'employa auprès de Louis XIV avec tant d'insistance, qu'il obtint la révocation de l'exil, pourvu toutefois que le retour se fît sans apparat. La soumission du duc de Savoie n'alla pas jusqu'à cette dernière condescendance et, sous le couvert de la spontanéité, il ménagea au couple princier une rentrée digne de son rang.

Anne d'Orléans, quoique ne pouvant rien témoigner, avait souffert du traitement imposé à des parents si particulièrement dignes de considération. Elle s'en dédommagea à leur retour par l'expression d'une joie sincère et se lia, dès lors, avec la princesse Catherine, qui lui devint une constante amie.

A d'aussi graves contrariétés succédèrent des événements plus fâcheux, et de nature à exciter sérieusement le ressentiment du duc de Savoie. On était en 1686; Louis XIV venait d'accomplir l'acte de la révocation de l'Édit de Nantes, qui entraînait la sortie des protestants de ses États et ranimait les discordes religieuses.

Dans la pensée de détruire plus complètement cette secte, ce monarque demandait au duc de Savoie de réprimer lui-même l'exercice d'un culte hérétique qui se pratiquait dans les vallées vaudoises, entre Pignerol et Fénestrelle. Les Vaudois, que l'on croit être un résidu des *Pauvres de Lyon*, vivaient là depuis plusieurs siècles, tolérés par les princes de Savoie, pourvu qu'ils se soumissent aux ordonnances limitant l'exercice de leur culte et les consignant dans leurs seules vallées. De fâcheux entraînements les avaient bien, quelquefois, fait sortir de ces restrictions, ce qui avait nécessité des actes de rigueur et des répressions sanglantes; mais les cas étaient rares et le plus ordinairement ces populations, plutôt tranquilles et fortement attachées à leurs princes, méritaient d'être traitées avec modération.

Victor-Amédée fit observer à Louis XIV que les Vaudois, depuis longtemps, ne donnaient pas de sujets de plaintes et ne nécessitaient pas l'emploi de mesures arbitraires. Il s'offrait, cependant, à entrer dans les vues du roi de France, et à le seconder, en les surveillant de plus près et en les empêchant de donner asile aux protestants émigrés. Cela ne suffisait point à Louis XIV ; il exigeait que l'exercice public de leur culte leur fût enlevé. Aux premières injonctions qui leur en furent faites, les Vaudois — très obstinés dans leur croyance — se révoltèrent et obligèrent à une répression armée. Aussitôt Louis XIV donna l'ordre à Catinat, gouverneur de Pignerol, de réunir un corps de troupes à celui que commandait le duc de Savoie et d'envahir les vallées. Les malheureux sectaires firent une résistance désespérée ; ils furent impitoyablement massacrés, brûlés dans leurs cavernes, et l'on vit se renouveler contre eux les horreurs des dragonnades et tout le régime de terreur appliqué dans les Cévennes. Catinat écrivait à Louvois : « Ce pays est parfaitement désolé ; il n'y a plus du tout ni peuple ni bestiaux. Les troupes ont de la peine par l'âpreté du pays ; mais le soldat a été bien récompensé par le butin. M. le duc de Savoie a environ 8000 prisonniers entre les mains. J'espère que nous ne quitterons point ce pays-ci sans que cette race de *barbets*[1] ne soit entièrement extirpée. J'ai ordonné que l'on eût un peu de cruauté pour ceux que l'on trouve cachés dans les montagnes, qui donnent la peine de les aller chercher, et qui ont soin de paraître sans armes lorsqu'ils se voient surpris, étant les plus faibles. Ceux que l'on peut prendre les armes à la main et qui ne sont pas tués, passent par les mains du bourreau. » Il est inutile de faire aucune réflexion sur la froide dureté de cette lettre, dont le cœur reste indigné.

Le duc de Savoie revint de cette expédition profondément irrité. Il rentra dans Turin triste, excité, le cœur oppressé dans son orgueil de souverain, comme dans ses sentiments naturels de bonté pour ses sujets. Il traînait après lui les 8000 Vaudois tombés dans ses mains, attestation d'un douloureux triomphe et d'un embarrassant fardeau. Qu'en faire ? Les relâcher eût donné prise à la colère du roi de France, et où trouver un abri suffisant pour leur nombre ? Ces malheureux, en déplorable état, mouraient par centaines. Le duc accepta les propositions des protestants de la Suisse, qui les demandaient pour les faire passer en Allemagne, et quoique d'Arcy en eût fait rapport à Louis XIV, celui-ci ne jugea pas à propos d'y faire opposition.

CHAPITRE IX

Quand le duc eut terminé cette triste besogne, poussé par le ressentiment, il reprit la pensée du voyage de Venise. La ligue d'Augsbourg était formée contre le monarque dont l'ambition et, plus encore, les manières impérieuses blessaient tous les princes de l'Europe. Plusieurs fois déjà l'empereur avait pressé le duc de Savoie de s'y réunir. Il résolut d'aller juger par lui-même de ce qu'il lui convenait de faire. Il partit sans bruit, laissant la régence à la duchesse, sa femme, voyageant sous le nom de comte de Tende, et agit avec tant de célérité que le marquis d'Arey ne fut informé de son départ, que lorsqu'il n'était plus temps de prévenir son maître.

A Venise, il trouva quelques fauteurs de la ligue ; le duc de Lorraine, l'électeur de Bavière — proche parent de Victor-Amédée — et quelques autres. Il s'arrêta peu, ne prit aucun engagement et revint soucieux, comme un homme aussi peu satisfait de ce qu'il a entrevu que de ce qu'il possède et ne sachant s'il doit continuer de ronger son frein ou se lancer dans les hasards de l'inconnu. Quatre années se passèrent, de 1687 à 1690, dans cette pénible alternative. Victor-Amédée les employa à concentrer ses vues, à mûrir ses projets, à préparer des moyens de résistance à la France, sans toutefois pencher encore pour des alliés, dont les conditions lui paraissaient douteuses, dont les garanties lui étaient insuffisantes. Il entrait dans la voie des doubles jeux et il en ressentait toute la perplexité.

Pendant ces séries d'hésitations, la vie d'Anne d'Orléans se faisait amère ; elle avait à supporter les aspérités d'un caractère naturellement irritable et ayant alors de pressants sujets d'excitation. Déjà pendant la malheureuse campagne contre les Vaudois, elle avait vécu dans une pénible tristesse. Nous en avons un aperçu

---

1. Nom populaire donné aux habitants de ces vallées.

dans une lettre que Madame Royale adressait, à cette époque, à Mᵐᵉ de La Fayette, son amie, dans laquelle — avec une agréable aisance de style mais une singulière sécheresse — elle lui dépeint la vie de sa belle-fille. « S. A. R. Madame, lui dit-elle, vit dans une solitude extraordinaire, et nous ne nous voyons qu'à la promenade et à l'église où nous allons ensemble. On lui a fait probablement la leçon avant de partir, et elle est si exacte à s'y tenir qu'elle ne ferait pas un pas et ne prononcerait pas une parole pour quoi que ce soit au monde; et quoiqu'elle se meure d'ennui, elle ne dit rien. Pour moi, je fais semblant de ne pas m'en apercevoir. »

Quant aux lettres d'Anne que l'on peut supposer être de cette époque — car elle avait le défaut de souvent omettre les dates, — elles ne comportent aucune plainte; quelques phrases, çà et là, dénotent l'état douloureux de son âme, mais avec réserve, dignité, et toujours un absolu dévouement pour son mari. Cependant, depuis le retour de celui-ci de Venise, la vie de la cour elle-même s'était faite plus sérieuse; le duc vivait isolé, fermé dans son cabinet, faisant des plans, travaillant seul, de peur d'indiscrétion. Il ne prenait aucun divertissement et regardait toujours plus à la dépense. Anne, qui cherchait à le satisfaire en tout, restreignait aussi la sienne pour lui complaire, supprimait le jeu dans son appartement et renonçait au bal, quoique la danse fût son plaisir favori.

Cependant un éclair de bonheur vint ranimer son cœur pendant ces tristes années; elle donna le jour à son premier enfant, ce qui fut l'occasion d'une joie immense pour elle, et générale pour tous. Il est vrai que ce fut une fille, et malgré la déception que le duc ne put manquer d'avoir, il lui fit bon visage, éprouvant lui-même le bonheur d'être père. D'Arcy en écrit à Louis XIV avec étonnement et admiration.

« Le duc de Savoie, dit-il, continue à ressentir une vive joie de la naissance de la princesse. Il remplit tous ses devoirs de bon père et de bon mari, et a fait porter un petit lit dans la chambre de sa femme pour y dormir, et ne décesse, durant le jour, de monter dans la chambre de sa fille. »

Devenue mère une seconde fois, Anne eut encore le désappointement de donner le jour à une fille. Cette fois, la joie fut médiocre à la cour de Turin, et Victor-Amédée, non sans dépit, congédia les courriers extraordinaires qu'il tenait déjà prêts, pour porter à tous les souverains la nouvelle de la naissance d'un héritier. Anne dut renfermer en elle-même de pénibles impressions. Ces deux filles furent plus tard la duchesse de Bourgogne et la reine d'Espagne.

On ne sait si ce fut cette seconde déception qui agit sur le cœur de Victor-Amédée, et le rendit plus indifférent pour une femme que, du reste, il estimait plus qu'il n'aimait; ou si le besoin de tromper la cour de Versailles — toujours plus soupçonneuse des habitudes sérieuses du duc — l'induisit à chercher quelque motif apparent de dissipation; toujours est-il que tout à coup son attitude changea, le plaisir devint de commande, et le carnaval de 1688 fut le plus brillant que l'on eût vu depuis longtemps dans le capitale du Piémont.

Au cours des fêtes animées qui se succédaient, le public put bientôt remarquer l'attention que le duc portait sur une dame qui était, en effet, l'une des plus agréables de ces réunions. C'était la comtesse de Verrua, Française de naissance et fille de Louis-Charles, duc de Luynes. Mariée fort jeune en Piémont, elle y était arrivée un an avant la duchesse Anne. Elle était douée d'une beauté piquante, d'un esprit gai, divertissant, mais hardi et dangereux. Elle s'était, cependant, bien comportée d'abord dans la noble famille où elle était entrée, quoiqu'elle y eût trouvé de ces conditions qui généralement ne plaisent guère aux jeunes femmes, un intérieur nombreux, encombré de parents, une belle-mère sévère — bien qu'attachée à la cour de Madame Royale, — et que l'on disait jalouse des attraits de sa belle-fille.

Quand la jeune comtesse de Verrua s'aperçut des attentions de Victor-Amédée, elle s'en inquiéta et demanda à sa belle-mère de se rendre à la campagne; mais celle-ci le lui refusa, se moquant des illusions qu'elle nourrissait sur le pouvoir de ses charmes. En même temps, comme par une sorte de fatalité, son mari, écuyer du duc, lui demanda un congé pour aller guerroyer en Hongrie avec son ami, le marquis Saint-Martin de Parella, ce que Victor-Amédée n'eut garde de lui refuser, nulle absence ne pouvant le satisfaire davantage. Les plaisirs continuèrent donc et se firent toujours plus brillants. Le froid, qui était intense, avait permis d'organiser des réunions pour patiner sur la glace; elles étaient fort animées; Victor-Amédée s'y rendait assidûment, et on le voyait abandonner le traîneau de la duchesse, pour suivre celui de Mme de Verrua, et s'arrêter en aparté avec elle, ce qui donnait matière à nombre de chuchotages. Le marquis d'Arcy ne manquait pas de tenir Louis XIV au courant, faisant toutefois remarquer que « l'humeur rieuse de la comtesse de Verrua pouvait bien être seule

en jeu », mais déplorant « l'abandon qui pouvait en résulter pour
la duchesse ».

Cependant la jeune femme, toujours plus alarmée, jugea prudent de se retirer de la cour. Elle se dit malade et se fit ordonner
les bains de Bourbon, ménageant d'y rencontrer son père et de
prendre ses conseils. Sa belle-mère, croyant à la raison de santé,
ne fit aucune difficulté pour ce voyage ; mais voulant que sa belle-
fille fut convenablement accompagnée, elle fit choix pour cet
office de son oncle, l'abbé de Verrua, homme du monde, distin-
gué d'esprit, employé dans les hautes charges et, naturellement,
sur le retour de l'âge. Le choix, cependant, ne fut pas heureux,
car, bien loin d'être un mentor invulnérable, il était lui-même
épris de sa nièce et, à peine arrivé à Bourbon, ne pouvant plus
contenir ses sentiments, il lui déclara sa passion. Mme de Verrua,
peu flattée, et mal conseillée par son esprit moqueur, lui répondit qu' « elle préférait encore le maître au valet », et pour mieux
tourner le dos au vieil abbé, elle reprit la route du Piémont.

L'hiver de 1689 approchait ; Victor-Amédée décida de le passer
à Nice, ville aimée de la cour piémontaise, parce qu'elle exigeait
moins d'étiquette et offrait une grande variété de plaisirs. Il nomma
douze dames pour accompagner la duchesse, et la comtesse de
Verrua fut du nombre. Son mari, qui revenait de Hongrie, mécontent de ce choix, se dit indisposé pour n'avoir pas à partir
lui-même et pour retenir ainsi sa femme près de lui. Le duc prit
alors un biais ; sans suspendre le départ, il fit faire une halte au
château de Montcalieri, résidence agréable pour l'automne, où la
cour se rendait souvent à cette époque, et cela donnerait le temps
au comte de se remettre. La duchesse, qui n'avait aucun soupçon,
pressait elle-même Mme de Verrua d'y venir, lui faisant observer
que — vu le peu de distance — il lui serait facile de revenir à
Turin, si son mari reprenait la fièvre.

On s'y rendit, mais un nouvel obstacle vint retarder le départ
pour Nice. On reçut inopinément la nouvelle de la mort de la
reine d'Espagne, Marie-Louise d'Orléans, sœur aînée de la duchesse
de Savoie. C'était un deuil pour la cour et une véritable douleur
pour Anne, très attachée à cette sœur, compagne de son enfance et
à laquelle elle gardait d'autant plus de souvenir qu'elle en était
plus séparée. En outre, il courait des bruits fâcheux sur la nature
de cette fin ; on parlait d'empoisonnemnt, car à cette époque il
n'arrivait le décès de quelque personnage important, sans que de
tels soupçons ne fussent propagés ; et ainsi qu'en d'autres circons-

tances, on accusait la comtesse de Soissons-Mazarin, qui, déjà excitée par d'autres accusations de ce genre, aurait quitté Bruxelles et se serait rendue à Madrid, de connivence avec le comte de Mansfeld, ambassadeur d'Autriche, pour accomplir le crime. Ces soupçons, malgré leur invraisemblance, furent tellement accrédités que, quelques années plus tard, en 1696, le comte de Mansfeld ayant été envoyé à Turin, le comte de Tessé, ambassadeur de France, écrivait au marquis de Barbézieux, fils de Louvois : « Nous attendons M. de Mansfeld, mais j'ai prié Son Altesse Royale de ne pas souffrir qu'il approche de sa cuisine : pour moi, il n'y a nulle apparence que je fasse aucun repas avec lui, car ce Monsieur est soupçonné d'avoir eu part à celui que la reine d'Espagne fit avant que de passer de ce monde à l'autre. »

Anne, très éprouvée par cette perte et par les propos qu'elle faisait tenir, eût voulu vivre quelque temps dans la retraite et donner cours à ses larmes; mais elle était si habituée à faire céder ses désirs aux volontés du duc, qu'elle accepta de partir aussitôt que la convenance du deuil le permettrait; l'ordre ne tarda pas à en être donné.

CHAPITRE X

Le séjour dans la riante capitale du comté de Nice fut animé par les fêtes et se prolongea bien au delà de ce qui avait été d'abord convenu, donnant lieu à de fâcheux commentaires. Au retour, la comtesse de Verrua, au lieu de rentrer dans sa famille, se retira au couvent de Sainte-Marie, sous prétexte de dévotion, et y mit au monde une fille, qui, plus tard, fut légitimée sous le nom de Mlle de Suse. Le scandale était grand ; il défrayait les conversations du public, et Victor-Amédée se sentait embarrassé vis-à-vis de la duchesse. Il se décida à lui en parler le premier. « Eh ! Madame, lui dit-il un matin, que pensez-vous de la singulière résolution de la comtesse de Verrua, qui se jette dans le couvent de Sainte-Marie ? En vérité, elle est malheureuse et mérite bien que l'on ait quelque empressement pour elle. » Anne baissa les yeux, sans faire aucune réponse, sans élever aucun reproche, quoique cette indélicate communication ne lui eut rien appris, car ses yeux s'étaient ouverts pendant le séjour de Nice et, dès lors, elle avait refoulé en elle les plus douloureuses impressions. Ce n'était pas seulement celles de l'offense faite à l'épouse fidèle, au juste amour-propre de la femme ; c'était le coup porté au cœur le plus aimant, le plus épris d'un mari, même coupable ; c'était aussi la désillusion d'un caractère loyal, s'éloignant par nature de la pensée du mal et ne sachant le soupçonner chez les autres.

Mme de Verrua resta peu au couvent ; bientôt elle échangea sa modeste et précaire installation contre un pavillon attenant au monastère, s'y établit dans un confort luxueux et, de là, osa demander à son mari et à sa belle-mère de lui assigner une pension. Elle n'y avait aucun droit, n'ayant point apporté de dot. Ils refusèrent avec mépris ; et, voulant rompre tout rapport avec celle qui entachait leur nom, ils quittèrent le Piémont et allèrent s'établir en France, emmenant avec eux les quatre enfants nés de cette déplorable union. Leur mère n'en témoigna aucun regret.

Bientôt elle reparut à la cour et prit rang parmi les dames de la duchesse. Dès lors, se jetant en plein dans le rôle qu'elle avait quelque temps hésité d'accepter, elle n'épargna rien pour en retirer tous les avantages qui pouvaient s'y trouver. « En un moment, dit le duc de Saint-Simon, qui l'a beaucoup connue, elle domina impérieusement à la cour de Savoie, dont le souverain était à ses pieds, avec tout le respect qui aurait été dû à une déesse. Elle prenait sa part des grâces, disposait des faveurs que pouvait accorder le duc, se faisait craindre de tous et ménager par les ministres. Sa hauteur la rendit tellement odieuse qu'elle fut empoisonnée, et le duc de Savoie lui administra un contrepoison qui se trouva efficace. Elle guérit sans que sa beauté en eut souffert, mais il lui resta quelques incommodités qui n'attaquèrent point le fondement de sa santé ; son règne continua de durer. Ensuite elle eut la petite vérole ; le duc de Savoie la vit durant la maladie et la servit comme un infirmier, et quoique sa beauté eût, cette fois, un peu souffert, il continua de l'aimer comme avant. Mais il l'aimait à sa manière, la tenant fermée, comme il aimait à rester fermé lui-même, et, lorsqu'il travaillait avec ses ministres, bien près d'elle, il lui communiquait peu ou rien de ses affaires. »

On trouve aussi dans les lettres de la duchesse d'Orléans des appréciations de son humeur batailleuse qui excitait celle de Victor-Amédée. « Ils passaient les journées entières à se quereller », dit-elle dans l'une d'elles ; et dans une autre : « Il est toujours de mauvaise humeur et il a été constamment disposé à se quereller avec ses maîtresses. Je suis étonnée de ce que la reine (alors reine de Sicile) ait toujours pour lui un attachement sincère. C'est une femme d'un grand mérite. »

Anne justifiait amplement par sa tenue cette excellente appréciation de sa belle-mère. Nulle femme ne supporta avec plus de dignité, avec une plus constante douceur la peine la plus cruelle à un cœur aimant. Elle était si attachée au duc qu'elle n'eût pas voulu, par son attitude, ajouter aux soucis dont elle le voyait accablé. La vue de cette femme dévoyée du bon chemin, et désormais privée de tout bonheur domestique, lui inspirait plus de compassion qu'aucun sentiment de basse jalousie. D'ailleurs, malgré cette infidélité manifeste, elle n'établissait point de comparaison entre cette passion désordonnée et le sentiment d'estime qu'elle savait de posséder de son mari, et elle ne doutait pas de l'attachement sérieux qu'il conservait pour elle.

Dans une peinture de la cour de Victor-Amédée II, conservée au ministère des affaires étrangères à Paris, on trouve d'elle cet avantageux jugement : « C'est une princesse de grande vertu qui s'est étudiée à connaître l'humeur de M. le duc de Savoie et qui a trouvé le secret de s'en accommoder. C'est dans cet esprit qu'elle mène une vie fort retirée et qu'elle ne se mêle d'aucune sorte d'affaires. On peut dire qu'elle a comme forcé le naturel de ce prince à rendre à sa sagesse et à son mérite toute la justice qui lui est due. »

D'autre part, on doit dire aussi que la comtesse de Vérrua, — sous l'impression probablement de cette noble attitude, — sut contenir, vis-à-vis d'elle, sa nature insolente, et lui rendait les devoirs de sa charge avec tous les égards qu'elle lui devait. La dignité de support de la duchesse lui en imposait plus que n'eût pu faire le plus juste reproche. Plus tard, lorsque Victor-Amédée parla de légitimer les deux enfants qu'il avait eus d'elle, cette femme de si peu de cœur et si avide d'avantages, hésita quelque temps, se refusant à donner ce nouveau déboire à une souveraine dont elle n'avait connu que la bonté. « Mandez-moi, écrivait-elle au comte de Tessé, ambassadeur de France à Turin, si vous me conseillez de presser pour faire reconnaître mes enfants. Cela dépend de moi, mais je crains que cela fasse de la peine à la duchesse. »

CHAPITRE XI

Pendant que ces tristes intrigues se déroulaient dans l'intimité de la cour de Turin, la politique ne chômait pas, et le duc de Savoie continuait d'y porter toute son attention. Il n'était pas dans sa nature de s'endormir aux pieds d'une femme, et cette passion, toute vive qu'elle fût, n'arrêtait en rien l'intérêt qu'il mettait aux affaires. Il ne laissait un instant de se tenir attentif aux dispositions de la France, et maintenait en même temps des relations avec les puissances liguées contre elle. Il négociait dans le plus grand secret, ayant à se garer de tout le monde, à commencer par sa mère, qui le trahissait. D'Arey, ayant eu mission de remettre une note exacte des forces dont pouvait disposer le duc de Savoie, ne craignit pas de s'adresser à Jeanne-Baptiste de Nemours, qui lui consigna secrètement une copie de la comptabilité de l'année 1687. Aussi Victor-Amédée disait-il un jour au comte de Morozzo, son ancien gouverneur, « qu'il voudrait, s'il lui fût possible, négocier et traiter sous terre ». Et c'est d'Arey lui-même qui répétait le propos à Louis XIV.

Le monarque français se montrait mécontent de ce que les Vaudois, transplantés en Allemagne — sous le couvert du laisser-faire de leur souverain, — pussent rentrer sans bruit dans les vallées dont ils avaient été si cruellement expulsés. De plus, il avait saisi la correspondance que Guillaume de Nassau, chef de la ligue d'Augsbourg, entretenait avec le duc de Savoie. Ces faits et quelques autres excitaient les humeurs et chargeaient toujours plus les nuages qui s'accumulaient des deux côtés des Alpes. Vint enfin le moment où Victor-Amédée se trouva compromis par la guerre entamée entre les puissances coalisées et la France. L'Espagne ayant donné son adhésion à la ligue, Louis XIV voulut attaquer le Milanais et eut besoin de faire passer ses troupes par les Etats du duc de Savoie. Ce passage s'accomplit avec l'absolutisme qui était dans les habitudes du grand roi. Il semblait oublier que toute la terre ne fût pas sous ses ordres, et commandait dans le domaine des autres comme s'il eût été dans ses propres Etats. « Il voulut établir à Turin — disent les rapports militaires — un détachement de ses troupes... Lorsque l'on changeait les garnisons du Mont-ferrat, on poussait des piquets jusqu'aux palissades de la capitale du Piémont... On fixait arbitrairement les étapes, sans même en prévenir le gouvernement piémontais. »

De plus, Louis XIV prenait des mesures contre les projets que pouvait nourrir le duc de Savoie, voulant l'affaiblir pour l'empêcher d'agir et pour tenir des garanties dans les mains. Catinat, à la tête de 18.000 hommes, reçut la consigne de mettre garnison française dans la forteresse de Verrua, sur les confins du Piémont et de la Savoie et dans la citadelle de Turin. Victor-Amédée ne pouvait consentir à cette sorte de prise de possession de ses propres Etats. Voulant cependant y mettre de la modération, et redoutant — malgré son irritation — de rompre avec la France, il entra en négociations avec Catinat, proposant de remettre Verrua en dépôt entre les mains du Pape ou des Suisses, et offrant le choix d'une cidatelle autre que celle de Turin. Catinat s'y refusa et répondit — comme eût fait Popilius — en imposant « l'obéissance ou la guerre ». En outre, il déclara de devoir employer, pour attaquer le Milanais, 4000 hommes de troupes piémontaises que le duc de Savoie avait précédemment, et forcément, prêtés à Louis XIV, pour le soutenir dans sa guerre contre les sectaires des Cévennes, et qui, revenus récemment, se trouvaient sans occupation. Cette dernière exigence acheva d'exaspérer le duc ; c'était le pousser à bout, le faire sortir de la neutralité tenue jusqu'alors, le forcer à se déclarer. Il le fit dans un tout autre sens que celui où croyait l'amener Louis XIV ; et, prenant en une heure le parti sur lequel il était indécis depuis quatre ans, il se donna à la ligue, expédiant sur-le-champ au camp des alliés le marquis de Brandis, son aide de camp, comme porteur de l'adhésion de son maître. Victor-Amédée s'adjoignit ainsi à cette importante coalition, formée des deux branches de la maison d'Autriche, de la Suède, de la Saxe, de la Bavière et des deux cercles de Souabe et de Franconie.

Le pas était fait et une guerre dangereuse ouverte avec la France. Comme Charles-Emmanuel Ier, son arrière-grand-père, Victor-Amédée levait l'épée contre le colosse ; mais depuis lors, combien le colosse avait grandi et se trouvait tout autrement redoutable ! Henri IV avait bien pour lui son brillant courage, sa capacité militaire et des troupes aguerries ; mais il n'avait pas un pays réuni, fort et assujetti comme celui que Louis XIV tenait dans les mains ; il n'avait pas un ministre de la guerre organisateur et maître de l'armée comme l'était Louvois. La puissance de la France sous Louis XIV était faite pour effrayer un petit souverain, même énergique, comme l'était Victor-Amédée II, et pour terrifier son peuple. Mais ce peuple, fidèle et brave, partageait l'indignation de son prince ; il frémissait à la pensée de livrer ses forteresses et de voir l'uniforme étranger dans sa propre capitale ; et quoiqu'il fut dans une terrible anxiété, il préférait la guerre à l'acceptation de telle servitude.

Madame Royale, qui avait toujours faibli devant la France pendant le temps de sa régence, était d'un avis contraire ; elle s'effrayait et conseillait de céder aux exigences du monarque français ; mais Anne d'Orléans partageait la fierté de son mari et n'admettait pas de le voir traité en vassal ; elle lui proposait noblement de s'enfermer avec lui dans la citadelle.

Une alliance offensive et défensive fut immédiatement signée entre le duc de Savoie et les princes coalisés, lesquels s'engagèrent à fournir à leur nouvel adhérent un corps de troupes sous son commandement.

Le 3 juin 1690, Victor-Amédée réunit son conseil ainsi que sa noblesse et leur communiqua sa déclaration de guerre. « Son discours, écrivait à Louvois le comte de Rebenac, qui avait remplacé d'Arey comme chargé d'affaires, fut une harangue faite d'un ton fier et gai, très éloquente et très belliqueuse. » Elle enthousiasma les esprits. Les Savoyards, aussi bien que les Piémontais, sont braves et fiers de leur nature, quoiqu'ils sachent être endurants. Ils virent avec courage le moment venu de réparer une longue suite d'affronts. Les populations se levèrent en masse ; le clergé offrit spontanément les objets précieux des églises pour fournir aux frais de la guerre. Les malheureux Vaudois, eux-mêmes, auxquels cette guerre apparaissait comme la fin d'une cruelle persécution, envoyèrent une députation au prince pour lui offrir leurs services. Celui-ci les reçut avec bonté ; et sans tenir compte de la révolte qui avait nécessité contre eux une si douloureuse répression, il leur dit ces quelques mots, conservés religieusement dans les annales de ce petit peuple : « Vous n'avez qu'un seul Dieu et qu'un seul prince à servir, soyez donc fidèle à l'un et à l'autre. Jusqu'à présent nous avons été ennemis, et il n'est point d'autres causes à vos malheurs ; mais il convient dorénavant de nous soutenir. Si, comme c'est votre devoir, vous exposez votre vie pour mon service, j'exposerai aussi la mienne pour vous, et tant que j'aurai un morceau de pain dans la bouche, je le partagerai avec vous ». Les Vaudois, profondément émus, formèrent aussitôt un bataillon qui se distingua par son courage et s'utilisa tout au long de la guerre.

Le duc de Savoie avait à peine fait ses préparatifs, qu'il entra en campagne, de concert avec le prince Eugène de Savoie, Carignan-Soissons, son cousin. Comme tous les princes de cette branche de la Maison de Savoie, Eugène avait été élevé en France ; il avait offert son épée à Louis XIV, qui l'avait dédaigneusement refusée. Il l'offrit alors à l'Autriche, et cette puissance l'envoyait en Italie aider son nouvel allié à combattre contre l'ennemi commun.

Ils étaient jeunes l'un et l'autre et débutaient avec plus de courage que d'expérience. Les revers ne devaient pas d'abord leur manquer, mais ils étaient résolus à faire face à la mauvaise fortune et à tâcher de la dominer. Catinat les battit à Staffarde, à Saluces, en même temps que la Savoie tombait en partie sous les coups d'une autre armée d'invasion. Les deux princes ne s'en laissaient abattre, luttaient avec énergie, défendaient le Piémont pied à pied, relevaient le moral des troupes, effrayées par ce mauvais début, comprimaient l'alarme qui partout se répandait. Les ravages étaient déplorables ; Louvois avait donné l'ordre « de traiter ce pays comme le Palatinat et que le fer et le feu y fissent leur œuvre ».

CHAPITRE XII

La cour était profondément attristée ; la duchesse suivait avec angoisse le détail de tous les périls que courait son mari. Il apparaissait de temps en temps à Turin, quittant le camp en toute presse pour donner ordre à quelques affaires, bouleversait tout le monde par les fâcheuses nouvelles qu'il apportait, et retournait à ses troupes pour continuer, avec le même courage, cette lutte disproportionnée. L'hiver mit fin à la campagne, mais elle reprit au printemps avec encore plus d'animosité. Nice, assiégée, succombait ; en Piémont, Catinat s'emparait d'Avigliana, brûlait le château ducal de Rivoli, approchait de Turin et mettait l'effroi dans cette capitale qui s'attendait à être assiégiée. Victor-Amédée obligea la duchesse, contre sa volonté, à se retirer à Verceil. Mais Catinat, qui n'avait pas de forces suffisantes pour investir une ville aussi considérable, tourna sur Coni et en fit le siège. La défense de cette ville, que sa position rend importante pour la garde des Alpes, est restée mémorable. Le clergé, les femmes, les enfants aidaient aux troupes, et tous tenaient tête à la fière armée qui les enveloppait, donnant le temps au prince Eugène de venir à leur secours. Il parut enfin, amenant des renforts et obligeant les Français à la retraite. C'était un premier succès qui ranima tous les cœurs.

Anne quitta aussitôt Verceil pour rentrer à Turin, où elle disait que sa présence soutenait le courage. Elle ne put y arriver ; l'inquiétude, unie à un état de grossesse avancée, l'avait trop affaiblie ; elle dut s'arrêter à Chivasso, où elle mit au monde une troisième fille, qui mourut à peine ondoyée. Elle lui donna des larmes et fut probablement seule à la pleurer ; puis, à peine remise, dominant sa tristesse, elle rentra dans la capitale.

Elle y reçut l'électeur Maximilien de Bavière, proche parent et ami du duc de Savoie, qui amenait avec lui un renfort de troupes impériales. Ce secours dérangeait les projets de Catinat et permit aux Piémontais de reprendre l'avantage. Victor-Amédée eut voulu se porter sur la Savoie et secourir Montmélian, assiégé depuis plusieurs mois, mais les ordres de l'empereur ne comportaient point cet emploi de ses troupes. On fit le siège de Carmagnole et l'on reprit cette place, située dans la plaine de Turin et tombée au pouvoir des Français. En parcourant ces campagnes, ordinairement si riches de cultures et alors dévastées, Victor-Amédée déplorait la misère où se trouvait réduit le pauvre paysan. Un groupe de malheureux l'entoura, réclamant des secours. Le prince, après leur avoir donné tout l'argent qu'il avait sur lui et même celui de ceux qui l'accompagnaient, touché de pitié, prit son collier de l'Ordre de l'Annonciade, chargé de pierreries, le rompit en morceaux et le leur distribua. Cet acte de générosité vit encore dans la mémoire du peuple.

Cette seconde campagne se terminait avec plus de bonheur que la précédente; Catinat abandonnait le Piémont et se retirait sur la Savoie. Il est vrai que le fort de Montmélian, qui avait si longtemps résisté, se voyait forcé de capituler, mais il ne le faisait qu'en imposant tous les honneurs de la guerre.

A l'ouverture de la campagne de 1693, le duc de Savoie proposait d'investir Pignerol et de reprendre cette ville, que la France retenait depuis cinquante ans; mais ses alliés avaient d'autres pensées et voulaient porter la guerre sur le sol ennemi, par l'envahissement du Dauphiné. Victor-Amédée marcha sur Embrun et s'empara de cette ville, pendant que les Allemands entraient dans Gap. De grands excès y furent commis, mais les chefs étaient impuissants à retenir des troupes qui avaient à venger les dévastations du Palatinat et du Piémont.

Comme le duc de Savoie occupait encore Embrun, il fut tout à coup saisi par la petite vérole, et en peu de jours ce prince, âgé seulement de 26 ans, fut à deux doigts de sa perte. Un tel événement arrêta l'invasion; l'armée, découragée, se mit en marche de retraite; Victor-Amédée resta seul à Embrun, ne pensant plus qu'à sa fin et dictant son testament. Il nommait, pour lui succéder, le fils aîné du prince de Carignan, ce même prince sourd-muet que nous avons vu épouser, contre la volonté de Louis XIV, la princesse Catherine d'Este.

A la nouvelle de la maladie du prince, la consternation se répandit dans ses Etats. Quant à la duchesse, elle en fut épouvantée. Elle écrivit au marquis de Saint-Thomas, le conjurant d'obtenir de son mari l'autorisation de se rendre à son chevet. Victor-Amédée, qui se sentait aux portes de la tombe, ne refusa pas d'accepter des offres si dévouées, et chargea son ministre de la faire venir près de lui. Anne partit dans une sorte de délire. Le danger de cette maladie, si terriblement contagieuse, la difficulté des routes, les obstacles de la guerre, rien n'arrêta l'élan de son cœur. Elle se mit en route avant même de répondre à Saint-Thomas, et ce ne fut qu'après Coni, du pauvre village de Villafalette, qu'elle lui adressa ces quelques lignes peignant si bien l'état de son âme : « Dès que la marquise de Sommariva m'a dit que Son Altésse approuvait que j'aille la rejoindre, je me suis mise en chemin et j'arrive dans ce moment ici. Je compte de trouver la litière, ainsi qu'elle m'a dit, et en attendant j'envoie les remèdes que l'on a demandés, mourant d'impatience d'être moi-même auprès de Son Altesse Royale, à laquelle j'ai une reconnaissance extrême de ce qu'elle me donne la consolation de l'aller servir, et à vous de me l'avoir fait savoir : faites-lui mes compliments, en attendant que je les lui fasse moi-même. »

Arrivée à Demonte, elle n'y trouve pas la litière qui devait l'y attendre et qui avait été prise par un des médecins, la précédant. Elle écrit, désolée, au marquis de Saint-Thomas, demandant qu'il soit donné des ordres pour qu'elle n'éprouve pas d'autres retards. Enfin, elle est auprès du malade ; elle ne s'y trouve pas depuis trois heures, qu'elle écrit à Madame Royale pour lui en donner des nouvelles. Elle lui dit qu'elle a trouvé le duc mieux qu'elle n'osait l'espérer ; l'expulsion sort bien et permet de compter sur la bonne issue de la maladie ; mais les yeux, « ces chers yeux », sont couverts de l'horrible mal, et il ne peut reposer. Elle profitait cependant d'un moment qu'il semblait assoupi et se hâtait d'écrire, promettant des nouvelles tous les jours.

En effet, elle écrit souvent, et dans chacune de ses lettres on la voit assurer sa belle-mère que son fils pense à elle et lui fait faire des compliments ; lesquels compliments n'étaient entendus que de son cœur, car la mère et le fils vivaient depuis longtemps dans une extrême froideur, ce qui lui était un sujet de tristesse, et elle profitait de cette circonstance pour tâcher de les rapprocher.

La maladie du prince suivit son cours, avec toutes les alternatives de haut et de bas inhérentes à ces violentes perturations de la santé. Plusieurs fois, de terribles accès de fièvre jetèrent la duchesse dans une véritable anxiété. Enfin l'amélioration fut assez soutenue, pour que l'on pût s'occuper du retour. Le voyage fut long, pénible, souvent suspendu par la faiblesse du malade. Arrivé à Turin, les forces ne reprenaient pas, la fièvre reparaissait sans cesse. Le duc montrait une impatience et une irritation qui étaient un obstacle sérieux aux soins que l'on avait à lui rendre. Anne, à bout d'efforts, recourut à sa ressource ordinaire, à l'excellent Saint-Thomas; elle lui écrit et le supplie « de faire prendre à Son Altesse Royale une résolution favorable à son état, pourvu que cette résolution ne l'empêche pas de rester près de lui ». Cette consolation lui fut heureusement ménagée, le duc se décida à se rendre à la campagne, imposant toutefois que ce fût près de Turin et des affaires, et il fit choix de la villa favorite de la duchessse, qui portait alors le simple nom de *Vigne de Madame*, et plus tard prit celui de *Vigne de la Reine*[1]. Anne aimait particulièrement cette résidence, située sur la colline de Turin, en face même de la ville et dans un site délicieux. Elle se plaisait à y mener une vie simple, dégagée d'étiquette, et s'y adonnait à ses goûts de promenade et presque de vie des champs. Les lettres de ses filles, la duchesse de Bourgogne et la reine d'Espagne, mentionnent souvent l'affection de leur mère, et la leur, pour cette agréable demeure.

Mais l'air pur et balsamique de la *Vigne de Madame* ne suffit point à remettre Victor-Amédée. À la faiblesse où l'avait laissé cette terrible maladie s'adjoignait le souci qu'il avait de ses affaires, la suspicion où le tenait la conduite ambiguë de ses alliés. Son état redevint si alarmant que l'hiver se passa dans une inquiétude continuelle; le 14 février 1694, il était au plus mal et l'on attendait sa fin. Le prince de Carignan, dans la prévision des désordres qui allaient suivre, faisait porter ses meubles dans la citadelle, et les généraux autrichiens et espagnols ne quittaient plus son antichambre.

La crise cependant fut dominée. Avec le printemps les forces revinrent, et alors reparut près de lui l'odieuse figure de la maîtresse qui venait supplanter celle de la plus noble des femmes. Anne avait accompli sa mission et continuait de l'accomplir en se retirant. S'il est des dévouements qui brillent de plus d'éclat, en est-il qui se puissent comparer à ce sacrifice de son propre cœur pour le bien de l'être aimé? Anne l'accomplit avec le même support et la même dignité qu'elle avait montrés jusqu'alors.

CHAPITRE XIII

Le duc fut à peine remis, qu'il reprit le commandement des troupes. Au mois de juillet de cette même année 1694, il était à la tête de son armée et faisait le siège de Pignerol. Catinat, qui s'était retranché à Fénestrelle, dans le fameux camp encore appelé le *Pré de Catinat*, descendit subitement dans la plaine et présenta la bataille à Orbassano, près des *cassines de la Marsaglia*, tout près de Pignerol, surprenant ainsi le duc de Savoie et le prince Eugène, qui ne s'attendaient pas à être attaqués. Ils résistèrent vaillament, gardèrent longtemps l'avantage, mais finirent par être enfoncés, perdant énormément de monde. L'ennemi en avait perdu beaucoup aussi, et ne put retirer de cette importante victoire que le ravitaillement de Casal, assiégé par les Impériaux.

Des deux côtés on était fatigué et le besoin de la paix se faisait sentir. La France particulièrement la désirait, car elle avait à se défendre contre la moitié de l'Europe et, quoique gardant son avantage et pouvant se glorifier d'éclatantes victoires, elle s'affaiblissait de ses propres succès; et elle trouvait une résistance qui ne paraissait point disposée à se lasser. Elle avait fait des ouvertures au duc de Savoie, lequel ne jugeait pas devoir encore y adhérer. Cependant, à la fin de cette campagne, il se rendit à Lorette pour y accomplir un vœu fait pendant sa maladie et, sous ce couvert, il s'aboucha avec l'ambassadeur de Venise et le nonce du Pape, — alors Innocent XII, — qui offraient leurs bons offices pour entamer des négociations. Catinat trouva bien d'y envoyer aussi un messager. On eut le bonheur de s'entendre entre la France et le Piémont, basant la paix sur la *neutralité reconnue de l'Italie*. Louis XIV, qui commençait à porter ses vues sur la succession de l'Espagne, changeait celles de sa politique et se décidait à

---

1. Elle existe toujours sous le même nom de *Vigne de la Reine*, et sert aujourd'hui de local au pensionnat des Filles-militaires.

abandonner ses prétentions actuelles sur le Milanais. Dès lors, il ne se refusait pas à rendre Casal au duc de Mantoue, et Pignerol au duc de Savoie, ces deux clés militaires de la Haute Italie ayant perdu leur principale utilité.

Victor-Amédée, dont l'objectif absolu était de gagner son indépendance, se montrait satisfait s'il l'avait obtenue; et du moment qu'aucune ville de ses Etats ne restait dans les mains ni de la France, ni de l'Espagne, ni de l'Autriche, il se résolvait même à abandonner les avantages qu'il aurait pu trouver par ses alliés en continuant de les seconder.

Il souscrivit donc à ces conditions et s'efforça de les faire accepter par le cabinet de Vienne, mais inutilement. Ces pourparlers, satisfaisants pour les intérêts du duc de Savoie, n'entraient point dans les vues des autres princes coalisés, qui tous s'y refusèrent. La guerre dut se continuer. Catinat, froissé de cet échec parlementaire, fit retomber l'effet de son mécontentement sur le duc de Savoie ; il ravagea incontinent les environs de Turin, brûla le château de la Vénerie, dévasta tellement à fond le parc, magnifique propriété des princes de Savoie aux environs de leur capitale, qu'ils durent en abandonner la réparation ; et il parla d'assiéger cette ville, où, de nouveau, régna la terreur.

Pendant ce temps, l'empereur Léopold Ier et Charles II, roi d'Espagne, faisaient à Victor-Amédée les propositions les plus séduisantes pour le retenir dans la coalition, lui offrant la couronne de Lombardie, le mariage de sa fille aînée avec le roi des Romains, 12.000 Anglais à son service, quatre millions d'or ! C'était trop pour être vrai, et d'ailleurs Victor-Amédée savait que secrètement Léopold cherchait à traiter avec la France, le sacrifiant sous main.

Il en revint aux conditions offertes à Lorette, et selon ce qui avait été alors stipulé, il combina un effort pour forcer les alliés à la paix, il réunit ses troupes à celles de Catinat, et prenant ainsi le commandement d'un corps de 50.000 hommes, de concert avec le général français, il marcha sur le Milanais, assiégea la forteresse de Valence, et par ce coup hardi décida de la fin de la guerre. Comme cette place tombait entre ses mains, il voyait revenir de Pavie, où avaient été ouvertes des conférences, le marquis de Saint-Thomas avec le traité signé sur la base de la neutralité de l'Italie.

A ce moment, dit l'historien Muratori, « je me trouvais à Milan, j'entendis les imprécations lancées par les Espagnols contre le duc de Savoie ; mais les personnes versées dans la politique pensaient différemment. On savait gré à ce prince d'avoir fermé à Louis XIV les barrières de l'Italie par un traité. Toute la Péninsule regarda bientôt Victor-Amédée comme son bienfaiteur... La cour de Vienne avait imposé sur les Etats Italiques une taxe de guerre que six ans de continuité rendaient intolérable. On applaudit à des mesures qui forcèrent bientôt les Autrichiens et les Espagnols à signer, à Vigevano, un traité par lequel ils s'obligeaient, ainsi que la France, à faire sortir de l'Italie toutes les troupes étrangères que la guerre y avaient apportées. »

Les avantages de ce traité furent grands, pour le duché de Savoie, qui se trouvait reconstitué dans sa plénitude; le comté de Nice, celui de Savoie et la ville de Pignerol étaient rendus à Victor-Amédée II, moyennant la démolition de plusieurs forteresses, condition douloureuse sans doute, mais à laquelle il se soumettait de préférence à celle, beaucoup plus dure, de devoir livrer ses places de guerre. Louis XIV consentait à traiter les ambassadeurs des Etats de Savoie à l'égal de ceux des maisons royales, ce qui grandissait l'autorité de leurs négociations; de plus il proposait, comme un juge de paix, l'union de Marie-Adélaïde, fille aînée de Victor-Amédée, avec son petit-fils, le duc de Bourgogne. La princesse n'avait encore que onze ans; il fut convenu qu'on attendrait qu'elle en eût douze pour la célébration du mariage, et que dans cet intervalle elle serait conduite en France, pour y être élevée selon l'esprit de sa nouvelle patrie, et sous l'éminente direction de la marquise de Maintenon.

Pour sa part, la France réclamait peu dans cet important traité et n'insistait que pour se maintenir dans la prise de possession de Strasbourg, formant ainsi du Rhin la limite de ses frontières de l'Est. Elle sentait ne pouvoir rien garder de plus, excitant déjà la jalousie de l'Europe, et elle se rendait compte que son réel avantage était d'avoir démontré sa force, en résistant seule à toutes les puissances coalisées contre elle.

CHAPITRE XIV

La conclusion de la paix entre la France et la Savoie, et la stipulation du mariage qui en scellait l'accord, fut l'une des plus grandes joies qu'ait éprouvées Anne d'Orléans. Cette joie était proportionnée à ce qu'elle avait souffert. Son cœur avait été déchiré pendant ces six années de guerre, partagée qu'elle était entre son affection native pour la France et son dévouement au pays dont elle était la souveraine ; entre les impressions de son respect pour le grand roi, son oncle, et sa partialité pour un mari adoré ; entre la justification, dans son cœur, de la hauteur de l'un et de la fierté de l'autre. Elle avait continué d'écrire régulièrement, selon son affectueuse habitude, au duc et à la duchesse d'Orléans, son père et sa belle-mère, et l'on ne surprend dans ses lettres — malgré la vivacité des sentiments qui devaient se presser en elle, — aucune trace d'irritation, non plus que le moindre détail pouvant être taxé d'imprudence ou d'indiscrétion. Mais la joie qu'elle ressentit de la paix signée et du mariage de sa fille fut telle, qu'on la vit alors se départir de cette réserve habituelle. Elle parlait à cœur ouvert, elle montrait le bonheur qui lui remplissait l'âme plus que l'on n'eût voulu, — par ménagement pour les alliés qui n'avaient pas encore traité avec la France. — Le marquis de Tessé, qui se trouvait comme otage à Turin et servait d'intermédiaire à Catinat, écrivait à Louis XIV : « Je ne saurais assez rendre compte à Votre Majesté de la joie vive et indicible de Madame la duchesse de Savoie. Elle éclate en tout, et quoiqu'il lui soit recommandé d'être en garde, pour ne point faire connaître aux chefs des alliés la partialité de son cœur, cette princesse ne peut se contenir et cherche tous les moyens de causer avec moi, de parler de Votre Majesté, de sa joie, de ses embarras et de ses mortifications passées. »

Un portrait de la jeune Adélaïde fut envoyé à Louis XIV, portrait parfaitement ressemblant, selon le dire de Tessé, qui se tenait attentif à tous les faits et gestes de l'aimable enfant, pour en rendre compte à son maître. « Plus j'observe cette jeune princesse, écrivait-il, plus je la trouve saine et bien constituée. Je n'ai jamais l'honneur de la voir qu'elle ne rougisse modestement, comme si elle entendait que c'est moi qui la fais souvenir de Monsieur le duc de Bourgogne. »

Marie-Adélaïde partageait, en effet, les sentiments de sa mère et appréciait, avec un discernement au-dessus de son âge, le fait heureux dont ce mariage était l'indication. Le développement remarquable de ses facultés faisait honneur aux soins qu'elle avait reçus de sa mère et à l'esprit qu'elle tenait de son père. On trouve un excellent témoignage de ce que fut son éducation dans une lettre de la duchesse d'Orléans, qui, écrivant quelques années plus tard sur le compte de la duchesse de Bourgogne, et parlant de quelques défauts qui lui étaient reprochés, disait avec le trop franc-parler qui lui était si ordinaire : « Elle avait reçu de sa vertueuse mère de très bons principes ; lorsqu'elle arriva en France, elle était fort bien élevée, mais la vieille *guenipe* (ainsi nommait-elle Mme de Maintenon), voulant gagner son amitié et être la seule à avoir ses affections, lui a laissé faire toutes ses volontés et ne l'a contrariée en aucun de ses caprices. »

Anne eût bien voulu l'accompagner elle-même dans ce voyage, si long pour son jeune âge ; elle en fit la demande et communiqua son désir au marquis de Tessé ; mais ce fut sans effet. Les usages de cour, les raisons d'étiquette, si souvent subordonnées aux raisons d'État, ne permettaient pas de la satisfaire. Elle proposait, au moins — se ressouvenant des difficultés et des tristesses qu'elle avait elle-même éprouvées, douze ans auparavant, lors de son départ de la France — qu'il fût permis à sa fille de garder quelque temps auprès d'elle certaines personnes de son entourage, sa gouvernante, ses femmes de chambre, le médecin ayant jusqu'à ce jour soigné son enfance, mais elle ne put non plus l'obtenir. À cette époque, plus encore qu'actuellement, on craignait, dans les cours, les rivalités de service et d'affection entre personnes de nationalités différentes.

Avec des soins infinis fut réglé le cérémonial et fait le choix des personnes de haut rang devant former le cortège, de l'un et de l'autre côté des monts. L'on décida que le marquis de Drovero, la princesse de la Cisterne et Mme du Noyer, gouvernante de Marie-Adélaïde, l'accompagneraient jusqu'à la frontière ; et que le comte de Brionne, le marquis de Dangeau et la duchesse de Ludes, avec une suite nombreuse, la recevraient à l'entrée des États français et la conduiraient jusqu'à Paris.

Malgré la satisfaction de la famille ducale, il lui était douloureux de se séparer d'une fille si jeune et qui montrait, en cette circonstance, des sentiments faits pour doubler ses regrets. Tessé écrivait au roi qu' « elle avait fait ses adieux à Turin et répondu aux compliments avec une dignité et une manière qui ne se pouvaient vraisemblablement espérer d'un enfant de son âge ». Il lui recommandait beaucoup de ne pas pleurer, et elle — une fois en route — lui envoyait dire « qu'elle avait bien versé quelques larmes, mais qu'elle n'avait pas oublié sa recommandation de rire après avoir pleuré et de se rappeler du poste qu'elle occupait ».

Victor-Amédée, d'un cœur très ému, se sépara de sa fille à Turin. Il l'aimait avec préférence ; c'était celle qui la première lui avait fait goûter le bonheur d'être père, et il ne pouvait méconnaître l'agrément de sa personne, de son intelligence et de son caractère. Elle, de son côté, avait pour lui un sentiment profond qui resta toujours prédominant, malgré l'attachement très réel qu'elle acquit pour la France.

Anne l'accompagna jusqu'à Avigliana, où se faisait la première couchée. Madame Royale, qui n'aimait que peu de monde, aimait cependant beaucoup ses petites filles et voulut également l'accompagner, ainsi que le prince et la princesse de Carignan et un nombre considérable de dames et de gentilshommes, qui suivaient à cheval. Le lendemain se firent les adieux, « avec de grandes marques de tendresse », et le prince de Carignan accompagna encore jusqu'à Suse. Puis, seule avec son cortège, elle franchit les Alpes et fit la traversée de la Savoie. Ce fut un voyage triomphal ; toutes les populations accouraient pour rendre hommage à cette jeune princesse devenue un signal de paix entre les deux nations, tous voulaient l'entrevoir. Elle s'arrêta un jour à Chambéry, reçut la noblesse, les autorités, les corporations, et le fit avec une grâce et un à-propos de réponses qui enlevaient tous les cœurs. On trouvait qu'elle rappelait sa mère, que l'on avait vue passer douze ans auparavant, qu'elle avait de ses traits et de son expression de bonté. Cet enthousiasme fut bientôt partagé par la députation française. Le marquis des Granges, qui, en qualité de grand-maître des cérémonies, était venu jusqu'à Chambéry, pour présider au passage de la frontière, écrivait au ministre Torcy qu' « il l'avait trouvée grande pour son âge et bien conformée,

d'une belle carnation et ressemblant à sa mère quand elle partit
de France ; qu'elle avait la figure agréable, la physionomie intelligente et l'esprit prompt, à en juger par les réponses qu'elle
adressait à ceux qui venaient lui rendre hommage ».

Le passage de la frontière, au Pont-de-Beauvoisin, se fit avec
un cérémonial imposant et ménageant les suceptibilités de l'un et
de l'autre pays. Un énorme cortège de cavaliers savoyards et
piémontais accompagna la princesse jusqu'au pont du Giers, séparation des deux Etats. La voiture du roi de France attendait au
milieu du pont, la tête des chevaux tournée du côté de la France ;
un nombre égal de courtisans se tenaient sur le pont, de l'un et
de l'autre côté, les uns pour accompagner Marie-Adélaïde, les
autres pour la recevoir.

« Lorsque la princesse arriva sur le pont — lit-on dans le Journal de Dangeau, — le page qui portait sa queue la quitta et un
page du roy la prit. M. de Brionne, à la tête des dames françaises,
la salua et lui fit un compliment de la part du roy. Il lui présenta
ensuite le marquis de Dangeau, et toutes ces cérémonies achevées,
M. de Brionne la mit dans le carrosse du roy où toutes les dames
eurent l'honneur d'entrer. Toute la cour de Savoie fondait en
larmes. La princesse, ayant traversé la partie française du pont,
arriva au logis qui lui était préparé, au milieu d'un peuple infini
et au bruit des acclamations de : « Vive le roy et madame la
princesse de Savoie ! » Lorsque la princesse descendit de carrosse,
au milieu d'une foule incroyable, on la conduisit dans son appartement, où elle entra d'un air qui ne parut point du tout embarrassé. On lui présenta tous les officiers du roy, elle les reçut avec
une grâce infinie et leur donna des marques de grande bonté. Elle
parut dans tous ses discours et dans ses manières beaucoup au-
dessus de son âge. Elle est très bienfaisante et des plus agréables ;
elle a beaucoup de noblesse dans la physionomie, le teint beau et
de très belles couleurs, quoique naturelles. Cette princesse joint à
mille agréments des manières prévenantes et une vivacité d'esprit
qui surprend ».

La duchesse de Ludes fut aussi charmée du caractère de Marie-
Adélaïde, que les autres l'étaient de sa grâce et de son esprit. Une
lettre étant parvenue à la jeune princesse, elle la remit tout de
suite à sa nouvelle dame, lui disant qu'elle était encore trop
enfant pour ouvrir une lettre elle-même. Cette dame, au moment
du départ définitif, lui ayant recommandé de ne pas trop penser
à la séparation, afin de ne pas s'affliger davantage — car, malgré

ses efforts pour se dominer, elle était toute éplorée : — « Non, lui dit-elle, à présent je ne serai plus triste, puisque je sais que désormais je vais être la personne la plus heureuse de la terre. » Ces réponses spontanées et naturelles émerveillaient les assistants.

Anne aurait voulu que le duc de Bourgogne se fût trouvé à la frontière, venant au devant de sa fille, comme avait fait Victor-Amédée lors de son propre mariage ; mais là encore les usages de cour y faisaient obstacle et ne permettaient pas qu'on lui donnât cette satisfaction. On lui fit observer que le cas était différent, les deux princes n'étant que fiancés, tandis que pour elle et le duc de Savoie la mariage avait été célébré par procuration. Mais le roi Louis XIV vint lui-même au-devant de la jeune Adélaïde jusqu'à Montargis, où elle se trouva le 4 novembre 1697, étant partie de Turin le 8 septembre, et ayant ainsi mis près de deux mois à faire ce trajet, aujourd'hui parcouru en quelques heures.

Le roi la reçut à la portière de sa voiture, la conduisit à son appartement et la présenta aussitôt à son beau-frère, le dauphin, et à son grand-père, Monsieur, duc d'Orléans. Il fut séduit de l'aspect de la jeune princesse et ne cessait de la caresser, de l'interroger, se plaisant à écouter ses réponses et à l'observer. Dès le soir, il écrivit à Mme de Maintenon la lettre suivante, qui exprime si bien sa satisfaction, et que nous reproduisons textuellement, respectant même les quelques tours anciens de style :

« Montargis, 4 novembre, six heures, le soir. — Je suis arrivé ici devant cinq heures ; la princesse n'est venue qu'à six. J'ai été la recevoir au carrosse, elle m'a laissé passer le premier et après elle m'a fort bien répondu, mais avec un petit embarras qui vous aurait plu. Je l'ai menée dans sa chambre au travers de la foule, la laissant voir de temps en temps et approchant les flambeaux de son visage. Elle a soutenu cette marche avec grâce et modestie. Nous sommes enfin arrivés dans sa chambre, où il y avait foule et une chaleur à faire crever. Je l'ai montrée de temps en temps à ceux qui l'approchaient, et je l'ai considérée de toutes manières pour vous mander ce qu'il m'en semble. Elle a la meilleure grâce et la plus belle taille que j'aie jamais vue : habillée à peindre et coiffée de même, les yeux vifs et très beaux, les paupières noires et admirables, le teint fort uni, blanc et rouge, comme on peut le désirer, les plus beaux cheveux et en grande quantité. Elle est maigre, comme il convient à son âge. Elle parle peu, au moins à ce que j'ai vu, elle n'est point embarrassée qu'on la regarde, comme une personne qui a vu le monde. Elle fait mal la révérence et d'un air un peu italien ; elle a quelque chose d'une Italienne dans le visage, mais elle plaît, je l'ai vu dans les yeux de tout le monde. Pour moi, j'en suis très content ; elle ressemble fort à son premier portrait et point à l'autre. Pour vous parler, comme je fais toujours, je la trouve à souhait et je serais fâché qu'elle fût plus belle.

« Je le dirai encore, tout plaît, hormis la révérence. Je vous en dirai davantage après souper, car je remarquerai bien des choses que je n'ai pu voir encore ; j'oubliais de vous dire qu'elle est plutôt petite que grande pour son âge. » — Plus tard, en effet, Louis XIV ajoutait dans la même lettre : « Plus je vois la princesse, et plus je suis satisfait. Nous avons été dans une. conversation publique où elle n'a rien dit... Nous avons soupé ; elle n'a manqué à rien et s'est conduite comme vous pourriez faire... J'ai plaisir à vous en dire du bien, car je trouve que, sans préoccupation et sans flatterie, je peux le faire et que tout m'y oblige. »

Les détails de ces appréciations, le récit de ce voyage si splendide et flatteur pour les qualités que montrait la princesse, l'heureuse manière dont elle se tirait d'une représentation si imposante, et malgré la tristesse qu'elle éprouvait, ne pouvaient que charmer la cour de Turin et être un baume à la douleur que l'on ressentait de cette séparation. Pour Anne d'Orléans particulièrement, l'accueil que recevait sa fille, dans sa propre famille, était la meilleure des consolations.

On sait que la bonne impression produite par Marie-Adélaïde sur Louis XIV ne se démentit jamais, et fut partagée par la marquise de Maintenon. Dans cette cour, alors représentée par un monarque sur le retour de l'âge et commençant à s'attrister, la jeune duchesse de Bourgogne apporta une note vive et gaie qui devint la joie de ce prince et de son austère compagne. On fit même le reproche à Mme de Maintenon d'avoir sacrifié les soins d'éducation que réclamait encore la jeunesse de Marie-Adélaïde, au désir de l'employer à égayer le grand roi. La duchesse d'Orléans ne se gênait pas pour en signaler le tort ; elle écrivait à sa sœur : « La Maintenon avait aussi défendu à la duchesse de Ludes de dire un seul mot à la duchesse de Bourgogne, pour ne pas la fâcher, attendu que si la duchesse devenait triste, elle ne pourrait plus divertir le Roi. »

On ne peut douter que quelques défauts n'aient été le résultat de l'adulation qui entoura Marie-Adélaïde dès son entrée en France.

Malgré cela, elle resta pleine de séductions; après celles de l'enfance, elle déploya celles de la femme, et fut l'ornement de cette
cour, la plus brillante que mentionne l'histoire.

CHAPITRE XV

Revenons à la politique, qui ne chômait pas pendant que s'effectuait ce voyage, gage de paix non seulement pour le duc de Savoie, mais bientôt pour toutes les autres puissances, car dès le 20 septembre se signait le traité de Ryswick, qui en étendait le bienfait à tous les Etats ayant constitué la Ligue d'Augsbourg. Ainsi que nous l'avons dit, Louis XIV se montra modéré; il se contenta de garder Strasbourg et de tenir le Rhin comme limite de ses provinces de l'Est, et du reste, il rendit ses autres conquêtes. La Maison de Lorraine fut réintégrée dans son duché; en faisant taire ses sentiments de noble affection pour la famille détrônée des Stuarts, il consentit à reconnaître leur ennemi et le sien, Guillaume de Nassau, comme roi d'Angleterre. C'était une concession forcée mais qu'imposaient les exigences de la politique.

Cette paix ne donna pas seulement au Piémont les avantages que nous avons déjà indiqués, elle le délivra encore du règne odieux de la comtesse de Verrua. Cette dame, peu attachée à Victor-Amédée — lequel était peu fait pour lui rendre la vie agréable selon ses goûts, — profita de ce que les relations diplomatiques étaient reprises avec la France, pour traiter secrètement des conditions qui pourraient lui permettre un retour à Paris. Elle se savait détestée, tant à la cour que dans le duché. Deux saisons de bains, que sous prétexte de santé elle avait obtenu de faire à Saint-Moritz, en Valteline, et où elle avait déployé un luxe inadmissible, avaient porté à son comble l'irritation déjà formée contre elle. Elle avait effectué ces deux voyages avec des allures de souveraine, recevant les autorités, se faisant donner des fêtes et se livrant aux plaisirs faciles que, sous l'œil du maître, elle devait se refuser à Turin.

Sitôt la paix établie, elle s'était mise en relations avec le marquis de Tessé, pour obtenir de Louis XIV de bonnes conditions de retour dans sa patrie native. Le roi y accédait, croyant pouvoir se servir d'elle pour être mis au courant de certains projets du duc de Savoie qu'il désirait connaître. Il recommanda à Tessé de la voir. Celui-ci parla à Saint-Thomas, qui lui donna le conseil d'aller à Saint-Moritz, où la comtesse venait de se rendre. Le fidèle ministre de Victor-Amédée — lors même qu'il eût soupçonné les intentions de Louis XIV — savait trop bien qu'aucun secret ne serait divulgué par une maîtresse tenue loin de toute confiance, pour craindre aucune entrevue avec elle ; et il s'était empressé de donner les mains à des menées qui pourraient délivrer son maître et son pays d'un fardeau si pesant.

Tessé écrivit à Louis XIV : « Je ne vous rends point compte de la visite que j'ai faite à Mme de Verrua, laquelle partit hier pour les eaux de Saint-Moritz. Ce fut Saint-Thomas qui me dit qu'il était à propos que je la visse et que je l'assurasse de l'amitié et de la protection de Votre Majesté. » Et après avoir vu la dame, il écrit encore au roi : « ... A vrai dire, il ne me parut pas à sa figure, à ses manières, à ses coiffures et à son attitude qu'elle songeât à aucune autre affaire qu'à plaire, et je suis trompé si Monsieur de Savoie lui a dit son secret. »

Mme de Verrua, se voyant tâtée sur les projets du duc, chercha bien à savoir quelque chose de ses pensées, car elle n'eût pas craint de le trahir pour satisfaire le roi de France, dont elle avait alors besoin ; mais elle ne réussit à rien, si ce n'est à exciter les soupçons du prince, qui, lorsqu'elle fut de retour à Turin, rendit sa surveillance intolérable, jusqu'au point que, voulant adresser à Louis XIV une lettre confiée au marquis de Tessé, elle se résolvait à le faire dans le lieu le plus secret : « Devinez d'où je vous écris, — mande-t-elle à Tessé ; — de ma chaise percée, car je ne sais à qui me fier, tant je suis observée. »

Malgré de telles difficultés, elle parvint à s'entendre, pour elle-même, avec le roi de France, et à quitter Turin à l'insu du duc. Dans le courant d'octobre 1706, selon le dire de Saint-Simon, elle s'aboucha avec son frère, le chevalier de Luynes, qu'elle avait invité à venir la voir pendant un voyage que le duc faisait à Chambéry, et s'enfuit avec lui.

Victor-Amédée ne parut pas aussi irrité qu'on aurait pu s'y attendre. Après la première explosion de sa colère, il écrivit au comte de Vernon, son ambassadeur à Paris, se montrant persuadé que la comtesse avait cédé aux instances de son frère. Il s'informait de la manière dont elle avait été reçue en France, et comment elle entendait d'y vivre. « Voyez-la, disait-il, portez-lui faveurs et secours... Nous conserverons toujours une estime particulière pour cette dame. » Il lui en donna la preuve en légitimant, un an après son départ, la fille et le fils qu'il tenait d'elle, leur donnant rang à la cour avec le titre d'Altesse, et les dotant du Marquisat de Suse. Ces enfants furent abandonnés de leur mère aussi indifféremment que l'avaient été ceux qu'elle avait eus du comte de Verrua.

Elle ne fut nullement embarrassée pour vivre à Paris ; elle avait pris soin, pendant tout le temps de son règne sur le cœur du duc de Savoie, de penser à ses intérêts. Indépendamment du luxe qu'elle étalait aux dépens de la bourse du prince, elle faisait ses provisions. Son appartement était un vrai musée qu'elle formait, non seulement de ce qu'elle se faisait donner par lui, mais de ce qu'elle dérobait, sans que Victor-Amédée, — qui s'occupait peu de ces détails, — s'en aperçût. Puis, avant d'abandonner la place, elle fit de considérables acquisitions non payées, et dont les notes arrivèrent après son départ, et quand elle avait déjà eu le temps de faire passer à l'étranger des caisses d'objets précieux qui furent vendus pour son compte. La duchesse d'Orléans, qui ne se faisait faute d'appeler les choses par leur nom, écrivait quelques années plus tard, en parlant d'elle : « J'ai profité du vol qu'elle a fait au roi de Sicile (Victor-Amédée II). Elle m'a vendu cent soixante médailles d'or qu'elle a dérobées à ce prince. Je n'ai eu cependant que la moitié des médailles qu'elle avait volées au roi. Elle avait aussi des cassettes pleines de médailles d'argent ; tout cela a été vendu en Angleterre. »

On pourrait s'étonner de l'empire absolu que la comtesse de Verrua exerça sur Victor-Amédée, si les faiblesses de l'humanité ne nous mettaient souvent sous les yeux le tableau de tels contrastes. Le plus fort plie sous la faiblesse ; l'astucieux croit à la sincérité ; le violent s'apaise devant un regard d'enfant. Victor-Amédée était le moins maniable des hommes et le plus récalcitrant à la dépense inutile ; ce qui ne l'empêchait pas de ne rien refuser au luxe effréné de sa maîtresse, et dans un temps où la guerre l'oppressait au point de l'obliger à retenir une partie du traitement dû à la duchesse sa femme et lui donnait même la pensée d'agir ainsi avec sa mère [1]. Voilà de ces mystères inexplicables et vraiment trop dépréciateurs de la valeur du cœur humain.

Le calme inattendu avec lequel Victor-Amédée supporta le

---

1. Madame Royale, qui ne reculait devant aucun moyen pour sauvegarder ses intérêts, para le coup en s'appuyant sur Catinat !

départ de son indigne favorite peut trouver son explication dans les événements heureux qui, vers cette époque, vinrent remplir de joie l'intérieur de la famille ducale. Anne d'Orléans, qui n'avait eu encore que des filles, donna successivement le jour à deux garçons, comblant ainsi les vœux les plus ardents de ce prince. La naissance du premier surtout, — le prince de Piémont, — lui donna un bonheur sans égal. Le marquis de Tessé écrivait à Louis XIV que « la joie de Victor-Amédée était si grande, qu'il n'aurait jamais cru possible qu'un homme d'une nature si peu tendre ait pu trouver dans son propre cœur de tels élans de paternité ».

La joie de tous fut portée à son comble et manifestée par de grandes générosités. Madame Royale, voulant associer les pauvres à l'allégresse générale, en fit réunir jusqu'à 16.000 dans la grande cour du château du Valentin, à l'entrée de la ville, et leur fit distribuer, par les mains de son propre aumônier, l'abbé Pallavicini, une considérable gratification. Quant à l'heureuse duchesse, — qui depuis si longtemps priait le ciel de lui accorder cette faveur, — elle fit déposer sur l'autel d'un sanctuaire vénéré aux environs de Turin [1], où elle avait fait nombre de pèlerinages, un enfant en or massif, du poids de celui qu'elle avait mis au monde. Sa fille, la jeune duchesse de Bourgogne, fut si émue en apprenant la naissance de ce frère, qu'elle savait si désiré, qu'elle en pleura de joie. Les populations s'associèrent au bonheur de leurs souverains et le célébrèrent par des fêtes d'un éclat incomparable. Toutes les cours de l'Europe envoyèrent leurs félicitations, et rien ne manqua au bonheur qui remplit alors le cœur d'Anne d'Orléans.

Ce sentiment heureux se prolongea quelque temps; cinq ans se passèrent pendant lesquels la maison ducale put goûter une parfaite tranquillité. Indépendamment des joies domestiques, la paix régnait dans les Etats, et les maux qu'avaient causés la guerre se réparaient par les soins d'une excellente administration. Le duc, avec autant de fermeté que de modération, mettait fin aux désordres enfantés par ces temps de licence et de calamités; il apaisait une province révoltée, ramenait la régulière levée des impôts, subvenait à la misère publique et faisait face à toutes les charges du gouvernement. Tout absolu qu'il fût, il était populaire, craint, mais aimé, et ses sujets avaient confiance dans sa solli-

1. La Madone du Pilon.

citude comme dans ses talents. « Il avait donné des preuves de
valeur personnelle, dit Cibrario, et de science des choses de la
guerre, mais il montra de bien plus grands mérites comme admi-
nistrateur et homme d'Etat. »

CHAPITRE XVI

Malheureusement le calme où l'on vivait présentement, et dont Anne appréciait particulièrement la douceur, ne devait pas long-temps se prolonger; sous ce couvert de tranquillité couvaient des hostilités bien plus terribles que celles par lesquelles on avait passé. Les éléments s'en formaient en Espagne. Là, régnait Charles II, beau-frère, par sa première femme, de la duchesse de Savoie; prince d'un caractère indécis, d'un tempérament maladif et qui, — bien jeune encore, — approchait de la tombe. Il n'avait point d'enfants et, sa mort, — dont le jour était pour ainsi dire fixé, — allait soulever la question complexe de sa succession. Tous les cabinets de l'Europe se remuaient à l'avance et faisaient leur plan sur ce prochain événement. L'empereur Léopold Ier réclamait l'héritage, comme chef de la branche cadette de l'illustre famille de Charles-Quint; mais il avait contre lui le *Pacte de famille* qui s'y opposait, cet acte de Charles-Quint excluant les enfants de son frère Ferdinand de tout droit à la couronne d'Espagne. Louis XIV, qui avait épousé la sœur aînée de Charles II, demandait sa succession pour l'un de ses petits-fils, comme étant les plus proches neveux du roi mourant; mais Marie-Thérèse, en l'épousant, avait signé un acte de renonciation à ses droits héréditaires, et le traité des Pyrénées, en ratifiant cette renonciation, avait exclu du trône d'Espagne les enfants qui pouvaient aspirer au trône de France.

Pour trancher la question, et dans une pensée de paix, Charles II avait appelé à lui succéder le petit-fils de sa sœur cadette, Joseph-Ferdinand-Léopold, prince électeur de Bavière, qu'aucun traité préventif ne rendait inhabile à recevoir un tel legs; mais, contre toute attente, ce prince, encore enfant, mourait avant le testateur.

Alors l'anxiété fut grande en Europe, et toutes les convoitises se reportèrent vers l'appât de l'immense succession, et la détermination qu'allait prendre, à nouveau, le roi d'Espagne. Ce fut l'habileté d'un ambassadeur qui en décida.

Le duc d'Harcourt, représentant de la France, homme insinuant et aimable, parvint à vaincre les scrupules de Charles II et ramena son cœur vers la descendance de sa sœur aînée, quoique ce monarque fût plus porté pour celle de sa sœur cadette. Le cardinal de Porto-Carrero, son ministre, gagné à la cause de la France par le savoir-faire de d'Harcourt, employa, dit Freget, « tous les arguments de la religion, de la justice et de la politique » pour décider son maître à faire en faveur du petit-fils de sa sœur aînée ce qu'il avait voulu faire pour celui de sa sœur cadette; lui faisant en outre remarquer que Louis XIV était le seul potentat, en Europe, capable d'empêcher le démembrement de la monarchie espagnole, démembrement que ce prince redoutait, dont l'appréhension ajoutait à l'amertume de ses derniers jours, et qu'il savait voulue par la Hollande et par l'Angleterre.

Charles II fit donc un autre testament, par lequel il instituait pour légataire universel Philippe, duc d'Anjou, second petit-fils de Louis XIV, à la condition qu'il renoncerait, lui et sa descendance, à tout droit sur la couronne de France. Ce testament, rédigé le 2 octobre 1700, fut gardé si secret, qu'il ne fut connu de l'Autriche que trente jours après la mort du royal testateur, arrivée le 1er novembre de la même année, c'est-à-dire un mois à peine après la rédaction d'un acte de telle importance.

Il excita les fureurs de l'Europe, qui ne voulait pas retomber sous le joug de la puissance renouvelée de Charles-Quint. Or, mettre le petit-fils de Louis XIV sur le trône d'Espagne, c'était l'y mettre lui-même, par la prépondérance qu'il saurait y prendre; et, de fait, ce monarque, en présentant le duc d'Anjou à la députation espagnole qui venait le saluer roi des Espagnes, lui disait ce mot fameux : « Il n'y a plus de Pyrénées. »

On courut aux armes : Philippe d'Anjou, pour recueillir et défendre son héritage ; Charles d'Autriche, second fils de Léopold Ier, pour le lui disputer. Toute l'Europe prit parti, soit pour l'un ou l'autre concurrent, soit pour le démembrement du vaste empire. Qu'allait faire le duc de Savoie? S'il n'était grand par ses Etats, il l'était par l'influence qu'il avait acquise dans la manipulation des intérêts européens. Chaque parti désirait se l'accaparer.

Lui-même eût voulu rester neutre, mais Louis XIV devança toute détermination, et, donnant ses ordres au maréchal de Catinat, celui-ci entra dans le duché à la tête de cinquante mille hommes, apportant, pour ainsi dire, la consigne de l'alliance avec le roi son maître ; consigne dorée par la proposition du mariage de la seconde fille de Victor-Amédée, Marie-Louise, avec le nouveau roi d'Espagne, et l'offre à ce prince du titre de généralissime des armées de France et de Savoie, ainsi qu'un fort subside pour l'entretien de ses troupes.

Ces propositions étaient loin de plaire à Victor-Amédée. Il ne se considérait pas comme dépourvu d'intérêts dans le démembrement du vaste héritage. N'ambitionnait-il pas le Milanais, comme arrière-petit-fils de Philippe II, dont la fille, Catherine d'Autriche, avait épousé son aïeul, Charles-Emmanuel Ier ? Ne se trouvait-il pas porté, pour cette raison même, sur le testament de Charles II, qui, à défaut de la Maison d'Anjou, faisait passer sa succession à la Maison de Savoie ? — Ce qui lui convenait était de se maintenir dans une complète neutralité, de regarder se développer les événements et d'agir ensuite selon l'occurrence.

Il fit observer au marquis de Tessé qu'une archiduchesse d'Autriche convenait mieux au roi d'Espagne que sa fille, et que ce serait un mariage plus selon l'esprit du testament de Charles II. Mais ses objections ne furent point admises. Catinat maintenait ses propositions, et le duc de Savoie se trouvait en présence d'un parlementaire disposant d'une armée assez forte pour lui enlever, en un jour, son duché. Il dut accepter l'alliance, au grand étonnement de l'Europe, mais ne s'engageant que pour trois ans, selon quelques auteurs.

De son côté, l'empereur Léopold, impatient de s'emparer de la Lombardie, chargeait le prince Eugène de Savoie d'en faire l'envahissement à la tête d'une armée de trente-deux mille hommes. Ainsi, dès le début, Victor-Amédée se trouvait en opposition avec son cousin, son compagnon d'armes, son meilleur ami. Le coup était dur et il le sentait vivement.

Aussi ne se pressa-t-il pas d'entrer en campagne, et laissa-t-il d'abord l'armée combinée aux soins des trois généraux qu'y avait envoyés Louis XIV, c'est-à-dire du maréchal de Catinat, du prince de Vaudemont et du maréchal de Villeroi. Pour lui, il s'attardait à Turin, où il avait, disait-il, à s'occuper des apprêts du mariage de sa fille. Ces apprêts ne ressemblaient en rien à ceux du mariage de la duchesse de Bourgogne, où le bonheur perçait de tous côtés ; celui-ci ouvrait une guerre tandis que l'autre en avait été la clôture. La jeune princesse n'y ressentait que la tristesse de se séparer de sa famille. Une seule personne se montrait contente, c'était la duchesse Anne ; la politique, pour elle, résidait dans le cœur, et elle était heureuse de l'union de sa maison avec des princes de la maison de France.

Mais le duc ne put longtemps maintenir son abstention, l'armée le réclamait. Le prince Eugène avait traversé le Tyrol et passé l'Adige ; il s'avançait sur le Mincio, battait les Français à Peschiera et à Mantoue. Victor-Amédée dut partir, laissant à la duchesse la direction du mariage espagnol et lui confiant la régence pour la cinquième fois.

Il trouva le désordre à l'armée ; Catinat, battu par la faute de ses collègues, leur en faisait de légitimes reproches ; Villeroi, doué de plus de morgue que de talents, voulait commander, et, en ce moment, opinait pour l'attaque du camp des Impériaux, à Chiari, contre l'avis des autres généraux. Le duc de Savoie partageait cet avis, mais Villeroi lui ayant dit dédaigneusement : « Que le roi de France n'avait pas envoyé à l'armée d'Italie tant de braves guerriers pour observer l'ennemi avec des lunettes d'approche », cette réponse décida de la bataille. Victor-Amédée et Catinat, malgré leur précédente opposition, donnèrent de leur personne et combattirent avec une valeur intrépide. Catinat fut blessé ; le duc de Savoie, qui commandait lui-même une charge, eut un cheval tué sous lui, et ses habits percés de balles. Le carnage fut extrême. Villeroi commanda la retraite et, s'étant maladroitement enfermé dans Crémone, il y resta prisonnier.

Pendant ce temps, un deuil venait assombrir encore les apprêts du mariage de Marie-Louise avec le roi d'Espagne. Anne apprenait subitement la mort de son père, le duc d'Orléans. Quoiqu'elle l'eût quittée depuis si longtemps, et qu'elle ne l'eût pas revu depuis son départ de la cour de France, elle lui gardait une profonde affection et lui donna des larmes. Elle n'avait jamais cessé d'entretenir avec lui une correspondance affectueuse et régulière, démonstration du sentiment que conservait intact son cœur filial.

Elle le pleurait encore, et elle était encore sous l'impression du danger qu'avait couru le duc, son mari, à la bataille de Chiari, quand apparut, dans la capitale du Piémont, le marquis de Castel-Rodriguez, envoyé extraordinaire de Philippe V, et portant son hommage à la jeune reine d'Espagne. Il était chargé de la conduire à son royal époux. On dut régler le cérémonial, et chaque détail de l'étiquette à observer fut l'objet de telles délibérations, qu'Anne écrivait au marquis de Saint-Thomas que « si elle avait à enregistrer tout ce que désirait le marquis de Castel-Rodriguez, tout le papier qui existe en ce monde n'y suffirait pas ». L'hyperbole est bien un peu forte, mais elle témoigne de l'excès où étaient portées alors les exigences de la représentation.

Marie-Louise avait treize ans. Plus âgée de deux ans que n'était sa sœur, à l'époque où celle-ci s'était séparée de sa famille, elle en ressentait la douleur beaucoup plus vivement et voyait venir avec une véritable peine le moment de s'arracher à ses affections. Elle était sérieuse, intelligente, active, et annonçait les qualités qui — dans la position difficile où elle allait se trouver — la rendirent le bras droit de son mari et l'idole du peuple espagnol.

Le mariage fut célébré, par procuration, dans la belle chapelle du Saint-Suaire, attachée au palais ducal, mais sans grande pompe, à cause du deuil récent où se trouvait la cour. Le vieux prince de Carignan était représentant pour Philippe V. On croit que Victor-Amédée s'y trouvait, et qu'il avait laissé un instant l'armée pour participer à cet acte de famille, car on le voit écrire à ce moment — 16 septembre 1701 — au comte de Vernon, son ambassadeur à Paris : « Je vous envoie mes lettres... Je ne puis vous en dire davantage, étant accablé d'avoir quitté ma fille hier. »

La jeune reine se mit en route le lendemain de cette célébration, accompagnée de sa mère, de sa grand-mère, de la princesse de Carignan, de la princesse de Cisterne qui assumait une seconde fois l'honneur d'accompagner à la frontière une princesse de la Maison de Savoie, d'un grand nombre de dames et d'un véritable escadron de gentilshommes. Elle prit la route des Alpes et se rendit à Saint-Dalmazze, première ville du comté de Nice, où se fit une douloureuse séparation. Elle le fut pour Anne, très particulièrement attachée à cette fille qu'elle avait gardée assez longtemps auprès d'elle, pour avoir pris l'habitude de ses douces qualités ; elle le fut plus encore pour Marie-Louise, dont le cœur était littéralement déchiré. Les regrets qui la remplissaient se retrouvent dans les fréquentes lettres que, tout au long de son voyage, elle adressait à Turin, et qui sont la peinture de son âme. « Vous avez regretté, ma chère maman, de n'être pas venue jusqu'à Nice ; je vous assure que je vous dis, de mon côté aussi, la même chose. Mais si vous fussiez venue, nous serions séparées de même à l'heure qu'il est ! Mon cœur est si serré que je ne puis en dire davantage, sinon, ma très chère maman, de vous assurer de ma grande amitié et de vous embrasser de tout mon cœur. » Et dans une autre : « Chère maman, soyez persuadée que j'ai un si grand respect et une si grande tendresse pour vous, que je ne sais de quels termes me servir pour vous l'exprimer. »

Elle eut à recevoir, à Nice, le nonce du Pape, ce qui se fit avec un cérémonial si surchargé de coutumes bizarres, que la gaieté prend le dessus ; elle en fait la peinture à sa mère et lui confie qu'elle a eu toutes les peines du monde à retenir son éclat de rire.

Elle écrivait avec une grande facilité, et dès lors commença une correspondance active avec sa mère, ainsi qu'avec sa grand-mère, pour laquelle elle avait aussi beaucoup d'affection. Ses lettres à la cour de France étaient remarquées.

Le marquis de Dangeau écrit dans son journal : « Toutes les lettres de la reine d'Espagne sont écrites avec tant d'esprit et tant d'agrément que l'on en est surpris. Rien n'est si extraordinaire dans une personne de cet âge. »

CHAPITRE XVII

Une magnifique galère espagnole attendait la reine à Nice ; elle s'y embarqua et y fut reçue par la princesse des Ursins, la *camarera mayor*, ou grande-maîtresse de sa maison. Marie-Louise était tout en larmes ; bientôt le mal de mer vint s'ajouter à son malheureux état ; elle était hors d'elle. Madame des Ursins, vivement préoccupée, en eut le plus grand soin ; elle ne la quitta pas, fit apporter son lit dans la cabine royale et passa la nuit auprès d'elle, jetant ainsi les fondements de la confiance que Marie-Louise eut en elle, et qui fit la fortune de cette femme célèbre.

Puis surgit un autre inconvénient, l'envahissement de certains insectes qui, d'ordinaire, n'approchent guère des têtes couronnées. Laissons la duchesse d'Orléans nous en conter les détails, personne ne pourrait s'en mieux acquitter.

« A propos de punaises, écrit-elle, elles ont presque entièrement mangé la jeune reine d'Espagne, lors de son passage sur les galères espagnoles. On a été obligé de veiller sur elle toute la nuit ; elle est arrivée depuis quelques jours à Toulon, d'où elle se rendra à Barcelone par terre. Elle ne pouvait plus supporter la mer, à ce qu'elle m'a écrit. Je ne voudrais pas être à sa place ; être reine, c'est en tous pays chose pénible ; mais être reine d'Espagne, c'est la pire. »

Marie-Louise avait, en effet, débarqué à Toulon, et faisait parvenir à Versailles son désir d'achever par terre son voyage. En attendant la réponse, elle fit cependant l'effort de se rembarquer, reprenant « son perfide carrosse », ainsi qu'elle le nommait plaisamment. Mais elle dut descendre de nouveau à Marseille et y prendre un repos nécessaire. Dans cette attente, elle se calma ; elle préférait de beaucoup cette ville à sa galère espagnole, et trouvait les dames françaises plus agréables que celles de la noble Ibérie. Elle eût voulu, pour occuper son inaction, visiter les environs de cette belle cité, mais le marquis de Castel-Rodriguez, qui n'avait aucune instruction à ce sujet, ne pouvait l'y autoriser.

Pour occuper son temps, elle visita quelques couvents ; malheureusement les vieux cloîtres, non préparés à cette visite inattendue, et surpris dans leur naturel, se montraient « sales et vilains », ainsi que l'écrivait la jeune reine, qui trouva peu de plaisir à continuer ce moyen de distraction.

Enfin, arriva la réponse de Versailles, conforme à son désir. Louis XIV donnait les ordres pour que le voyage se terminât en traversant le midi de la France. Elle se rendit à Montpellier, où elle trouva le marquis de Louville, gentilhomme de la Chambre de Philippe V, qui venait la saluer au nom de son maître.

Ce gentilhomme a laissé des Mémoires assez connus, dans lesquels il ne se montre pas toujours favorable à Marie-Louise ; on doit donc tenir compte de l'appréciation qu'il en fait, lors de cette première rencontre, laquelle est toute à son avantage. « Marie-Louise de Savoie — dit-il, — alors âgée de treize ans, était déjà une souveraine véritable. Grâce, esprit, discernement profond, rien ne lui manquait. Sa taille noble, quoique petite, parfaitement formée et relevée par une blancheur éclatante, par la plus vive, la plus douce physionomie, annonçait à la fois et parait de mille charmes les mérites dont elle était douée. »

Le cortège se remit en route et l'on toucha aux frontières espagnoles. Alors, suivant les ordres qui lui avaient été donnés, Louville sépara la princesse du personnel piémontais qui l'avait accompagnée jusque-là. Marie-Louise pleurait et conjurait qu'on lui laissât quelques personnes, mais Louville ne le pouvait, et s'acquitta de sa mission avec rudesse. « La reine — dit-il dans ses Mémoires, — fut remise, sans aucune suite, au roi catholique, dans le premier village d'Espagne. » Précédemment, il avait écrit lui-même au ministre Torey, insistant pour que nul élément français n'entourât la princesse. « Surtout, — disait-il, — que le confesseur soit français, que la première femme de chambre soit française, et que nous ne voyions pas un seul cotillon piémontais. »

Nous devons convenir que ces manières de faire étaient dures, mal comprises, et faites pour décourager le cœur le mieux disposé. Aussi, malgré le respect que nous aimons à avoir pour les coutumes de nos pères, nous est-il difficile de leur donner raison sur ce manque absolu d'égards. De nos jours, Marie-Pie de Savoie, à quinze ans, dut aussi quitter les bords heureux du Pô, pour aller régner sur les rives du Tage. En arrivant à Lisbonne, elle quitta son cortège piémontais et dut recevoir sa nouvelle maison portugaise. Mais les deux cours s'étaient mises d'accord pour qu'elle gardât auprès d'elle sa gouvernante, la comtesse de Saloses, ainsi que la jeune sœur de celle-ci, amie de la princesse, lesquelles s'arrêtèrent six mois, sans titre et sans autre fonction que celle d'adoucir par leur présence les tristesses de l'acclimatation. La fille de Victor-Emmanuel fut ainsi préservée des moments de désolation qui avaient affligé la jeune épouse de Philippe V.

Celle-ci, arrivée à Figuières, première petite ville d'Espagne, y trouva le roi, venu au-devant d'elle. On procéda immédiatement à la bénédiction nuptiale, qui fut donnée par l'évêque du lieu. Puis elle fut conduite dans son appartement. Elle était dans une douleur extrême, et avait peine à se faire aux manières des dames espagnoles qui l'entouraient. « Quand elles entrèrent dans sa chambre — dit Saint-Simon — et voulurent se mettre en devoir de lui enlever ses habits, elle repoussa leur service et refusa de se mettre au lit. » La princesse des Ursins, ayant épuisé ses remontrances, en référa au roi, qui, jeune lui-même, entra dans une vive colère. Deux jours se passèrent dans cette embarrassante situation ; après quoi, le calme se fit, les deux souverains se virent et se plurent ; Marie-Louise s'attacha profondément au roi d'Espagne et en fut si appréciée qu'elle devint, non seulement l'épouse la plus chère, mais l'appui et la force du jeune monarque.

Il était loin de l'égaler sous le rapport intellectuel. C'était, selon le jugement de la duchesse d'Orléans, « un bon et paisible personnage, parlant peu, aimant extrêmement sa femme, lui laissant tous les soucis et ne se tracassant de rien ».

Marie-Louise gagna également l'affection du peuple espagnol. Saint-Simon, qui vint comme ambassadeur en Espagne après la mort de cette princesse, en parle avec admiration, disant que c'est à l'affection extrême du peuple espagnol pour elle, que Philippe dut, plusieurs fois, de conserver sa couronne. « Et après sa mort, dit-il, lorsque paraissait en public la nouvelle reine, Elisabeth Farnèse, il affectait de crier devant elle : *Viva el rey y la Savoyana !* Vive le roi et la Savoyarde ! »

CHAPITRE XVIII

Pendant que s'opérait cette difficile installation, et que peu à peu Marie-Louise et son royal époux s'affermissaient sur le trône du grand Charles-Quint, la guerre se continuait dans le nord de l'Italie, où le Milanais était en jeu. Victor-Amédée se tenait à l'armée franco-piémontaise et ne s'attachait nullement à une alliance dont il ne sentait que le poids. Trop d'influences, en dehors de ses mains, agissaient dans cette armée; trop de commandements s'y contrecarraient. Son titre de généralissime n'était qu'une ironie. Puis vint le moment où apparut une troisième autorité : le roi d'Espagne, son gendre, y venait prendre place. Il était indispensable, en effet, qu'après son intronisation dans la Péninsule Ibérique, Philippe V vînt aussi se mettre en poss ssion des Etats qui lui revenaient en Italie, et montrer sa vaillance à ceux qui combattaient pour sa cause.

Avant de quitter Madrid, il avait soulevé la question de se faire accompagner par la reine, et les lettres de cette princesse témoignent de la joie extrême dont cette perspective l'avait remplie. Mais la cour de France, dans des moments si perplexes, ne le jugea pas prudent, et le peuple espagnol lui-même réclama de la garder comme garant du retour du roi. Anne d'Orléans, qui savait par expérience combien ces joies sont rarement données aux têtes couronnées, écrivait à l'avance à sa fille, avec le sentiment de la soumission qui était devenu l'une des notes dominantes de son caractère : « Je crois qu'à l'heure qu'il est, vous serez ou dans la joie de suivre le roi, ou dans le chagrin de vous en devoir séparer pour quelque temps. Il faut en cela, comme dans tous les événements de votre vie, n'avoir d'autres volontés que celles du roi, qui ne peuvent être désunies de votre bien et de celui de la monarchie. »

Philippe arriva donc seul en Italie. Il débarqua d'abord dans le royaume de Naples, dont il prit possession ; puis il se rendit dans le Nord, s'acheminant vers le Piémont par la voie de Savone et des montagnes. Le duc et la duchesse de Savoie, et Madame Royale, se rendirent à Alexandrie pour l'attendre. Sitôt que Victor-Amédée sut que son gendre était en vue, il monta à cheval et se porta à sa rencontre sur la route du Cairo. Philippe, apercevant son beau-père qui mettait pied à terre pour approcher de sa voiture, se hâta de descendre et de l'embrasser ; et comme ils étaient désireux de causer l'un avec l'autre, ils convinrent de souper ensemble dans la ville d'Acqui, où ils arrivaient et devaient s'arrêter. Le comte de Marsin, ambassadeur de France en Espagne, qui accompagnait le roi, avait fait préparer, à cet effet, deux fauteuils dans la salle pour les deux princes ; mais cette disposition déplut au marquis de Louville, qui, la trouvant contraire à l'étiquette, fit enlever un fauteuil, de manière que le duc de Savoie aurait dû rester debout devant son gendre ; il n'y voulut consentir et refusa le souper. Ce procédé avait lieu de l'étonner, car il avait devant lui l'exemple de son aïeul, Charles-Emmanuel Ier, qui, étant à Saragosse, pour épouser Catherine d'Autriche, fille de Philippe II, et s'y étant rencontré avec son beau-père, avait été traité de pair par ce grand monarque. Il se dit malade et partit. Philippe vit les princesses, mais l'entrevue avec elles, bien qu'affectueuse, ne put réparer le mauvais effet causé par cet incident.

Quoique ces détails soient assez exacts pour se retrouver à peu près les mêmes dans les Mémoires de Saint-Simon et dans ceux de Louville, il n'en perce rien dans la lettre que Victor-Amédée écrivit après à sa fille, à laquelle il eut la délicatesse de ne rien laisser soupçonner. Du reste, celle-ci, qui s'inquiétait, paraît-il, de l'effet que pourrait produire sur son père la froideur naturelle du roi, avait eu le soin de l'en prévenir par une lettre que l'on ne possède plus, mais qu'elle mentionne elle-même dans une autre. Voici celle de Victor-Amédée : « 20 juin 1702. — Nous partîmes d'ici, ma chère fille, avec beaucoup de précipitation, ma mère, Mme la duchesse et moi. Je ne m'arrêtai plus jusqu'à ce que j'eus le bien d'embrasser le roi, comme je fis entre Montbaldon et le Cairo. Quoique je fusse prévenu par ce que vous m'aviez écrit, je ne laissai pas que d'être un peu frappé à la première entrevue. Mais par la suite, je fus charmé de la manière obligeante dont il me parlait et de la tendresse qu'il m'a toujours témoigné d'avoir pour vous. Je vois, ma chère fille, avec un sensible plaisir combien votre bonheur est grand par tout ce que le roi, et ceux qui ont l'honneur d'être de sa suite, m'ont dit de votre conduite. Vous avez d'autant plus besoin d'une grande prudence, au-dessus même de votre âge, pour vous conserver ce bonheur et mériter de plus en plus la tendre amitié que le roi a pour vous. J'ai tâché, ma chère fille, de lui faire connaître ma reconnaissance et de me procurer ses bontés par tous les endroits qu'il m'a été possible ; le regret qui m'est resté, c'est de l'avoir quitté si tôt, n'ayant pu demeurer que deux fois vingt-quatre heures auprès de lui. Votre mère et votre grand-mère n'y ont été qu'une soirée et un moment le lendemain. »

Marie-Louise lui répondit, en date du 13 juillet suivant : « ... Je me réjouis infiniment de ce que vous avez vu le roi ; ne vous avais-je pas mandé que vous le trouveriez un peu froid dans les premiers moments ? Mais, Dieu merci, il ne l'a plus été après, dans la conversation que vous eûtes avec lui, où ma mère et ma grand-mère étaient, à ce que vous me mandez... Il ne faut pas que vous désespériez de revoir le roi ; ce sera à quelque autre voyage en Italie ; ce pays-ci lui a plu et il voudra bien y retourner encore une fois, et cette fois je serai aussi du voyage. Aussi, mon très cher papa, nous aurons la consolation de nous embrasser ; je crois que si cela arrive, comme je l'espère, je mourrais de joie de voir un père que j'aime tant ! »

A la suite de l'entrevue d'Acqui, le duc de Savoie, laissant le commandement de ses troupes au comte des Hayes, s'en revint à Turin. Philippe se rendit à l'armée. Le duc de Vendôme, l'un des meilleurs généraux dont put disposer alors Louis XIV, y avait été envoyé pour diriger la campagne de 1702. Le prince Eugène, impatient de se mesurer avec lui, offrit le combat de son camp de Luzzara. Le roi d'Espagne fut présent à cette bataille et s'y conduisit avec valeur. L'action fut sanglante, les pertes égales, et chaque parti se donna la victoire ; mais les avantages restèrent aux impériaux. Philippe V loua hautement le corps d'armée de Savoie, qui s'était particulièrement signalé, fit présent d'un cheval et d'une riche épée au comte des Hayes et repartit bientôt pour Madrid.

De son côté, Victor-Amédée, de suite après cet important fait d'armes, eut le soin d'écrire à la reine et de se réjouir avec elle des divers succès que l'Espagne obtenait alors. Cette lettre les mentionne avec intérêt : — « 25 octobre 1702. — La campagne ne pouvait finir plus heureusement cette année que par une bataille gagnée en Italie, en présence du roi. Les vastes desseins des Anglais et Hollandais en Espagne, frustrés par le zèle et l'affection pour vous de l'Electeur de Bavière, ont traîné avec joie l'heureuse victoire que le marquis de Villars a remporté, sur le prince de Bâde, en Allemagne. Mais celui de tous les succès que je ressens le plus, c'est le bonheur que vous avez eu de chasser la flotte ennemie de l'Andalousie, puisque c'est une affaire qui vous regarde personnellement et qui ne peut que vous entraîner des suites très heureuses, que je vous désire ardemment. Je ne vous mande point de nouvelles du roi, ni de celles de votre famille, m'en remettant avec plaisir à votre mère, puisque vous n'ignorez pas, ma chère enfant, ma paresse à écrire. Ainsi il ne me reste que de vous confirmer toujours la tendresse que j'ai pour vous, qui est au-dessus de tout ce que je puis vous exprimer. »

La guerre se continua l'année suivante dans la Haute Italie, donnant le spectacle du plus complet désaccord entre les chefs. Le duc de Vendôme ne s'entendait en rien avec le duc de Vaudemont, si ce n'est pour contrecarrer le duc de Savoie. Celui-ci ne pouvait prendre aucune prépondérance à cause de la suspicion où il était tenu, on le voyait mécontent, on le savait recherché de l'Autriche, ce qui le faisait accuser de défection. « Jamais théâtre de guerre, dit Frezet, ne fut plus déshonoré par d'iniques soupçons. » Le prince Eugène fut accusé d'avoir attenté à la vie de Philippe V. Justement indigné, il pressait son cousin de se retirer de telle alliance et de se rendre aux propositions de l'Autriche, qui, par sa bouche, lui offrait la cession du Montferrat et du Milanais.

Victor-Amédée ne se prononçait pas ; quoiqu'il comprît assez que le seul but de la France, en l'engageant dans son alliance, avait été d'user de sés Etats et de ses troupes, sous l'appât du vain titre de généralissime, il ne voulait cependant prendre aucune décision contraire avant la fin de son engagement. Ce moment venu, il fit proposer à Louis XIV, par son ambassadeur à Paris, la continuation de l'alliance, sous la condition qu'il lui fût assuré un avantage territorial, comme compensation des offres analogues qu'il recevait de l'Autriche. A cette ouverture, il lui fut sèchement répondu par M. de Philippeaux, ambassadeur de France à Turin : « Le roi, mon maître, ne souffrira pas que le duc de Savoie ajoute à ses Etats un pouce de terrain. »

Louis XIV faisait alors fausse route et bientôt il eut lieu de s'en repentir. Il mesurait l'importance de ce prince à la taille de son duché, sans considérer son influence et les recherches dont il était l'objet. Il oubliait aussi que toute l'Europe était liguée contre lui et craignait de se créer un nouvel ennemi ; celui-ci, tout restreint que fût son Etat, consolidait l'accord formé contre la France, et en devint l'aiguillon.

Vivement blessé, Victor-Amédée restait cependant très indécis ; il lui en coûtait de tourner ses armes contre la France. Du moment qu'il avait dû contracter cette alliance, il préférait la maintenir, même avec des conditions inférieures à celles qui lui étaient offertes par les autres puissances, et d'ailleurs, en se brouillant avec Louis XIV, il se faisait l'ennemi des maris de ses deux filles.

Le cabinet de Vienne, qui surveillait ses hésitations, recourut à un expédient pour forcer sa décision. Selon l'historien Denina, « il fut remis à un Napolitain des lettres et des documents adressés à la cour de Turin. On y supposait le traité conclu et on y donnait des explications sur des mesures à prendre pour livrer au duc de Savoie trois villes de Lombardie. Ce messager avait ordre de se laisser saisir par les Français. A la vue des dépêches, le roi de France, ignorant la ruse, ne douta pas que l'alliance ne fut ratifiée ».

Dans sa colère, Louis XIV ordonna au duc de Vendôme, qui opérait dans le Trentin, de se rendre immédiatement au camp de San-Benedetto, où se trouvaient les troupes piémontaises, et de les désarmer. 6000 hommes furent ainsi cernés et retenus prisonniers. Puis il commanda d'enlever, de gré ou de force, le duc de Savoie lui-même et de le conduire captif au fort de Fénestrelle ; des officiers français furent apostés secrètement dans les environs du château de la Vénerie, où résidait Victor-Amédée, avec mission de l'arrêter quand il se rendrait à la chasse ou à la promenade. Mais le projet fut découvert et déjoué.

Le duc de Savoie, indigné, réunit son conseil, exposa les faits, et, sur l'avis de tous, dépêcha des courriers en Autriche et en Hollande, traitant avec ces cabinets et déclarant la guerre à la France et à l'Espagne.

Le traité d'alliance avec l'empereur fut signé le 8 novembre 1703, date postérieure à celle du désarmement du camp de San-Benedetto, opéré le 20 septembre. Il comportait, comme conditions de la part de l'Autriche, l'entretien d'un corps de troupes en Piémont et la cession de l'Alexandrie, du Montferrat, de la Lomelline et de la vallée de la Sesia, au duc de Savoie, en dédommagement de ses frais de guerre.

CHAPITRE XIX

Les hostilités éclatèrent avec une violence égale dans les deux partis ; l'exaspération était à son comble. Louis XIV écrivait au duc de Vendôme : « Traitez le duc de Savoie comme j'ai traité le duc de Lorraine, chassé de ses Etats. » Victor-Amédée, de son côté, pour venger le désarmement de ses troupes, faisait arrêter tous les Français qui se trouvaient dans son duché ; et, en représailles du traitement fait à son ambassadeur à Paris, il faisait enfermer M. de Philippeaux dans la citadelle d'Ivrée. Il adressa une manifestation à son peuple, disant : « Je préfère l'honneur de mourir les armes à la main à la honte de me laisser opprimer. » La nation répondit avec un mâle courage à l'appel de son souverain ; toute la noblesse s'enrôla ; il n'y avait cœur qui ne partageât les sentiments du prince ; on acceptait les revers auxquels on devait s'attendre, avec la volonté de les dominer.

Mais les événements qui avaient décidé de cette rupture avaient été si rapides, que rien n'était prêt dans le duché de Savoie pour repousser l'envahissement instantané de la France. Les troupes impériales destinées au Piémont, et que devait y conduire le comte de Haremberg, ne pouvaient si promptement y atteindre ; les Anglais et les Allemands portaient surtout leurs efforts sur la Catalogne, ce qui laissait la France libre d'agir. Victor-Amédée fut d'abord seul à faire face à l'orage, et l'ouverture de la campagne de 1704 fut pour lui un terrible désastre. Les deux comtés de Nice et de Savoie furent investis, et trois généraux français, les ducs de Vendôme, de la Feuillade et de Berwick pénétrèrent par diverses voies en Piémont, s'emparant de Suse, des vallées Vaudoises, de la vallée d'Aoste, de Verceil, de Bielle, et formant tout à la fois les sièges de Montmélian, de Nice et de Verrua. Plutôt que de rendre ces places, leurs fiers défenseurs en firent sauter les forts. Victor-Amédée porta son camp à Chivasso — à trois lieues de Turin, — pour protéger sa capitale qui allait être investie.

L'armée française fit des préparatifs immenses pour cette entreprise, regardée comme décivise. « On n'en fit jamais de plus grands, dit Fenquières, pour les sièges où le roi allait en personne. » Ce fut le duc de la Feuillade qui en prit la direction, vu le départ de Vendôme, rappelé et envoyé à l'armée de Flandre, pour réparer les revers essuyés par Villeroi, qui s'était laissé battre à Ramillies. La Feuillade avait avec lui soixante-huit bataillons, quatre-vingts escadrons, des artilleurs pour servir cent trente canons et cinquante mortiers. Les soins mêmes que demandait un tel siège en retardèrent l'ouverture jusqu'en 1706.

Pendant ces longs préparatifs, le vieil empereur Léopold Ier était mort. Son fils, Joseph Ier, prenait, de main ferme, le gouvernement et, comprenant la nécessité de ne pas laisser écraser le Piémont, rempart de l'Italie, il faisait choix du prince Eugène pour y conduire des troupes et y porter secours. Celui-ci arriva à marches forcées, déjoua les mesures prises pour empêcher sa jonction avec Victor-Amédée et l'opéra heureusement.

Le duc d'Orléans, frère de la duchesse de Savoie, et le maréchal de Marsine, avaient été adjoints au duc de la Feuillade, pour aider aux opérations du siège, dont le premier prenait la direction. Quant au duc de Savoie, il ne négligeait rien pour organiser la défense de sa capitale : le commandement de la ville et celui de la citadelle furent donnés au marquis de Carrail et au comte de la Roche-d'Allery, qui s'étaient couverts d'honneur à la défense de Nice et de Verrua. Il leur adjoignit le comte de Thann, par égard pour ses alliés. Lui-même, de son camp de Chivasso, ne cessait de harceler l'ennemi.

Toute la population turinaise se prêtait à la défense; le clergé, un instant ébranlé, mais bien vite raffermi par les paroles sévères et énergiques du duc, exhortait au courage et priait dans les églises; les femmes portaient jusqu'aux bastions les vivres et les munitions, et travaillaient dans les lieux les plus exposés ; les pauvres mêmes de l'hospice de charité s'employaient dans les souterrains.

Mais tous les dévouements s'effacèrent devant celui de Pietro Micca : « Depuis deux mois — lit-on dans les *Annales militaires*, — les mineurs se faisaient avec acharnement une guerre souterraine ; un détachement de grenadiers français était entré dans le fossé et la garde piémontaise, surprise et accablée par le nombre, avait été dispersée. Les ennemis vont pénétrer dans la galerie souterraine, pour s'introduire par cette voie dans la ville, lorsque la porte est fermée par un mineur intrépide, Pietro Micca. Des coups de hache sont donnés dans la porte qui va être enfoncée. Alors Pietro Micca n'hésita pas à se sacrifier pour le salut commun. Craignant qu'une mèche graduée ne soit trop lente dans un péril si puissant, il s'écrie : « Camarades, recommandez au souve- « rain ma femme et mes enfants, sauvez-vous et laissez-moi faire. » Et sitôt que ses compagnons sont en sûreté, il met le feu, fait sauter le fourneau et reste enseveli sous un tas de débris, avec les ennemis qui se trouvaient dans le souterrain. » — Victor-Amédée prit soin de la famille de ce héros et lui assigna une pension perpétuelle. Sa statue décore l'emplacement du sublime sacrifice.

Les bombes pleuvaient sur la ville et même sur le palais ducal, malgré le soin que mettait le duc d'Orléans à le faire épargner à cause de sa sœur; et celle-ci, aussi bien que les jeunes princes, ses fils, continuait d'y habiter; elle voulait, par son exemple, soutenir le courage de la ville assiégée. Madame Royale s'y trouvait aussi; mais Victor-Amédée, jugeant le péril trop pressant, vint lui-même les chercher, ainsi que les princes, ses fils, et les escorta jusqu'à son camp de Chivasso. De là, il les confia au marquis d'Orméa, secrétaire d'Etat, pour être conduits à Mondovi, où il pensait qu'ils seraient en sûreté. Il leur fallait traverser un pays montagneux, encombré de partis ennemis, et plusieurs fois ils faillirent tomber dans leurs mains ; d'ailleurs Madame Royale cherchait à ralentir la marche par mille lenteurs calculées, et s'entendait sous main avec les généraux français pour se faire surprendre et gagner la France, ce qui tenait la duchesse dans une grande anxiété. Le séjour de Mondovi devenant dangereux, l'ambassadeur d'Angleterre à Turin, lord Metwin, s'entremit auprès de la République de Gênes pour y faire recevoir les augustes fugitifs. La noble ville accepta avec une générosité digne de sa réputation de munificence; elle envoya une galère, commandée par le marquis Negreno de Mulassano, avec ordre de suivre la côte et de recueillir les princes et princesses, en quelque lieu que leur départ précipité de Mondovi les eût conduits. Ils furent trouvés à Oneille et déposés — avec des égards infinis — à Savone d'abord, puis à Gênes, où ils furent somptueusement défrayés par les soins de la Sérénissime République.

Malgré ce repos, on peut juger de l'état d'esprit dans lequel se trouvait Anne d'Orléans : les dangers du voyage, les angoisses causées par la fatigue qu'en avaient éprouvée les princes ses fils, le support du caractère et des intrigues de sa belle-mère, n'étaient rien en comparaison de la tristesse de sa pensée, se reportant incessamment sur la terrible position du duc son mari, sur le tableau de cette guerre cruelle, frappant tout ce qu'elle avait de plus cher. De quel côté pouvait-elle désirer le succès ? Le triomphe de son mari n'était-il pas le revers de ses filles ? Sa prière pouvait-elle se porter en faveur de l'un ou de l'autre parti ? Elle ne put que s'ensevelir dans la vie la plus retirée, se refusant à toute représentation, et ne se donnant d'autre distraction que celle de visiter les nombreux et magnifiques couvents qui font le décor de la superbe ville.

Les nouvelles qui lui arrivaient du théâtre de la guerre ne pouvaient qu'ajouter à son douloureux état; les travaux du siège se poursuivaient, enterrant tellement la ville qu'il ne restait presque plus d'espoir de la sauver. Les deux princes de Savoie, Eugène et Victor-Amédée, surveillant de leur camp tous les mouvements de l'ennemi, ne cessaient de troubler leurs opérations, mais ne parvenaient à les arrêter.

Un matin, étant montés sur la colline de Superga, lieu élevé d'où l'on domine toute la plaine de Turin, et embrassant d'un coup d'œil la position de l'armée assiégeante, ils remarquèrent un côté faible dans leur ligne de circonvallation et arrêtèrent un plan d'attaque pour le lendemain. Leur armée, forte de 40.000 hommes, passerait le Pô sur deux ponts, tournerait les lignes françaises qui, s'étendant sur quinze milles de contour, offraient, en quelque point, peu de profondeur, et donnerait la bataille. « Il existait là — disent les *Annales militaires* — une pauvre chapelle; Victor y fit le vœu solennel d'élever un temple au Dieu des armées, s'il obtenait la victoire. »

Le lendemain, dès la pointe du jour, commença le combat; il fut terrible et se prolongea jusqu'au soir avec un égal acharnement de part et d'autre. Les Français, sous la conduite du duc d'Orléans, déployèrent le plus brillant courage, mais, ce prince ayant été blessé, les troupes cédèrent de son côté. Le maréchal de Martin, frappé à mort, resta enseveli sous les cendres de ses magasins embrasés. Le duc de la Feuillade ramena les troupes au combat et recommença la mêlée avec fureur, mais le duc de Savoie, à la tête de ses grenadiers et d'un corps d'infanterie prussienne, pénétra dans leurs rangs et y mit le désordre et la mort. Le prince Eugène eut un cheval tué sous lui et fut renversé dans un fossé; se relevant immédiatement, il se rejeta dans le combat. Cependant l'aile droite, commandée par le prince de Saxe-Gotha, commençait à ployer; Victor-Amédée fait appel à ses dragons et à sa garde, vole à son aide et décide de la victoire. Elle fut complète ; la garnison de la ville, qui, de la citadelle, suivait attentivement les péripéties de la journée, quand elle vit le moment venu, sortit précipitamment, tomba sur les fuyards et acheva la déroute. Les Français cherchèrent en vain à se retirer sur Casal pour s'y refaire un point d'appui ; ils ne purent y réussir et durent se retirer sur Suse et sur Pignerol, abandonnant leurs munitions, leurs immenses magasins, auxquels ils n'eurent même pas le temps de mettre le feu.

Le soir, 7 septembre 1706, le duc de Savoie et le prince Eugène rentrèrent dans Turin, au dernier bruit de canon, au son de toutes les cloches, aux acclamations d'un peuple transporté de bonheur. Ils descendirent à l'église métropolitaine, où l'archevêque entonna l'hymne d'actions de grâces. Une procession perpétuelle de tous les corps de l'Etat fut décrétée pour le lendemain, 8 septembre, fête de la Nativité de Notre-Dame, érigée en fête nationale ; et les riches dépouilles de l'ennemi furent employées à exécuter le temple promis à la Mère du Dieu des armées, sur la colline de Superga. Cette magnifique basilique, que l'on mit trente ans à bâtir, à cause de l'importance de l'édifice, devint, dès lors, le lieu de sépulture des princes de la Maison de Savoie. Elle domine la capitale du Piémont et reste le témoignage de ce jour de délivrance.

CHAPITRE XX

Le siège de Turin ayant été levé, il n'y avait plus de motifs pour que les princesses continuassent de rester à Gênes. Elles exprimèrent leur reconnaissance aux magistrats de la ville hospitalière et se mirent en route pour le Piémont. Quoiqu'en meilleure disposition d'esprit que lors du départ, ce voyage leur fut matériellement pire encore, par suite des pluies torrentielles. La mer était impraticable ; il fallut passer par les montagnes liguriennes, suivre des chemins escarpés, dangereux, les princesses portées presque constamment dans des litières à bras, et souffrant beaucoup de la fatigue. Elles arrivèrent le 2 octobre. Madame Royale fit sa rentrée dans Turin en grande pompe et de nuit, sous l'éclat d'une splendide illumination ; Anne d'Orléans, plus fatiguée, et abîmée par la tristesse de sa pensée, rentra sans bruit dans le palais ducal.

Cet événement, heureux pour le Piémont, n'entraînait point cependant — même pour ce pays — la fin de la guerre. Elle se continuait, implacable ; l'Espagne était ébranlée ; la duchesse avait la douleur d'apprendre que sa fille et son gendre étaient presque détrônés. Victor-Amédée, qui aurait voulu, après avoir sauvé sa capitale, s'employer à reconquérir le reste de ses Etats, devait unir ses armes à celles du prince Eugène et l'aider à s'emparer, pour le compte de Joseph Ier, du Milanais, cette proie toujours convoitée et jamais obtenue.

A l'ouverture de la campagne de 1707, la guerre fut portée sur le sol de la France, sous l'instigation de l'Angleterre, et la Provence fut envahie. Les deux princes de Savoie continuèrent le siège de Toulon ; mais la mort du prince de Saxe-Gotha, frappé de plusieurs balles, mit la déroute chez les impériaux et fit abandonner l'entreprise. Au retour, Victor-Amédée rentra en possession des Vallées Vaudoises et s'empara de plusieurs forts importants dans les Alpes. En 1708, il pénétrait dans la Maurienne et

marchait sur Briançon. Repoussé par les généraux de Villars et de
Berwick, il tournait sur Exilles et s'emparait hardiment de ce fort
et de celui de Fénestrelle. La guerre était en même temps poussée
sur le Rhin, où les succès du duc de Malborough et du prince
Eugène devenaient écrasants pour la France.

En 1709, les alliés arrêtèrent un plan de campagne de difficile
exécution : les Austro-Piémontais devaient reprendre la Savoie, se
porter sur la Franche-Comté et donner la main à l'armée du Rhin,
commandée par le feld-maréchal de Mercy. Ce mouvement, d'abord
heureux, et remettant Victor-Amédée en possession d'une grande
partie de la Savoie, échoua devant Lyon ; les abords de cette ville
furent vigoureusement défendus par Berwick, qui déjoua ainsi les
projets des alliés ; ils restèrent cependant maîtres de toutes leurs
positions sur les confins.

La France, qui supportait une lutte si disproportionnée, employant tout à la fois ses forces en Espagne, dans les Pays-Bas,
sur le Rhin et sur les Alpes, abîmée par une telle résistance —
toute glorieuse qu'elle fût — demandait hautement la paix, mais
les puissances alliées n'en voulaient entendre prononcer le mot. Le
duc de Savoie la désirait ; il craignait maintenant bien plus l'ambition de l'Autriche victorieuse que celle de la France épuisée ; la
bonne foi de l'empereur lui était suspecte ; il le voyait éluder les
conditions de leur accord, et sa susceptibilité personnelle se heur-
tait chaque jour à quelque nouvelle difficulté, produit immanquable
de ces alliances politiques où l'intérêt seul est en jeu. Aussi,
dégoûté et cherchant à se tenir en arrière de l'action, on le voyait
moins souvent à la tête des troupes, dont il donnait le commandement à ses lieutenants.

Et quelle vie menait Anne d'Orléans pendant ces longues années
de guerre ? Malgré ses affections natives qui partageaient son cœur
dans les impressions de ces tristes démêlés, plus soumise, plus
résignée que ne le sont tant d'autres femmes qui ne savent se
plier à leur destin, très attachée au pays devenu sa patrie, elle
s'identifiait à ses joies ou à ses peines, et s'intéressait par-dessus
tout au bien de son mari. Celui-ci gardait, à ses yeux, tout son
prestige, il avait toujours pour elle l'auréole des premiers jours.
Doit-on s'en étonner ? Non, si l'on réfléchit que la passion naît des
contrastes ; et elle, douce, modérée, passive de sa nature, quoique
dévouée, portait son admiration sur ce caractère absolu, énergique,
volontaire, fort dans la prudence comme dans l'audace, en somme
magnifique figure de souverain. Si les récriminations de la France

— naturellement de la plus grande violence contre le duc — lui étaient pénibles et faisaient couler ses larmes, d'autres appréciations y faisaient compensation ; et il ne manquait pas de causes de profonde estime pour celui duquel l'historien Macaulay a écrit qu' « aucun souverain de la moderne Europe n'exerça comme lui, pendant un aussi long espace de temps, une aussi puissante influence avec un aussi petit Etat ». Régente pendant toutes les absences du prince, elle faisait taire ses affections de famille, les soumettait au bien du duché qu'elle avait à régir, et gouvernait avec une prudence à la hauteur de son dévouement.

Du reste, le plus vrai de son bonheur résidait dans les soins dont elle entourait les princes ses fils, les faisant vivre avec elle, dans la grandiose solitude de la Vénerie, où elle se plaisait à demeurer. Elle y jouissait d'une vie plaisible, embellie par la belle nature, dont elle avait le goût. Sa bonne santé lui permettait de grandes marches ; elle se rendait parfois, avec ses jeunes fils, à pied, jusqu'à Turin, ce qui fait un parcours de sept kilomètres, qu'elle accomplissait facilement. Ces prouesses faisaient l'admiration de la duchesse de Bourgogne, qui était loin d'en pouvoir faire autant et s'en exclamait dans ses lettres.

Anne ne s'occupait pas seulement de ses propres enfants, d'autres partageaient son intérêt, et son dévouement pour le duc allait jusqu'à lui faire donner des soins à ceux qu'il avait eus de la comtesse de Verrua, et particulièrement à Mlle de Suse, qui, après avoir été élevée à la Visitation de Pignerol, avait été installée à la cour par son père, ne doutant pas de l'accueil que voudrait bien lui faire cette femme au cœur si bon. La reine d'Espagne appréciait cet acte de sa mère comme il le méritait, quand elle écrivait à sa grand-mère, parlant de ce fait : « Je ne doute pas de la manière affectueuse dont ma mère doit la traiter, la sachant si extrêmement bonne et si complaisante en tout ce qui peut contenter mon père ; d'elle rien ne peut étonner ; elle mérite assurément plus de bonheur qu'elle n'a. »

Quelques éclairs de joie venaient de temps en temps animer cette vie, concentrée dans les seules affections de famille. La duchesse de Bourgogne, après avoir perdu un premier enfant, donnait heureusement le jour à un fils qui survivait ; et la reine d'Espagne, peu après, lui faisait part du même bonheur. Anne s'en réjouissait dans ses lettres avec elles, seul moyen laissé aux épanchements de ces trois cœurs affectueux. En se quittant, elles s'étaient dit, selon toute l'étendue de sa signification, ce triste mot d'adieu, que rappelait Marie-Louise dans une lettre à sa grand-mère : « Il y a aujourd'hui cinq ans que je me séparai de vous et de ma mère ; ce fut un terrible adieu dont le souvenir attendrit beaucoup. Il est arrivé bien des choses depuis ce temps, mais ce sont des discours qu'il vaut mieux finir. »

Ces discours qu'elle jugeait devoir abréger étaient ceux qui touchaient aux événements de l'Espagne, où les succès des princes ligués avaient, par deux fois, chassé Philippe et son héroïque compagne de leur ville capitale ; c'étaient les regrets de voir son père dans le parti des princes qui leur faisaient tant de mal. Ses lettres démontrent, à cet égard, des sentiments d'une vivacité extrême, où les reproches se mêlent à des expressions de tendresse et de respect pour ce père auquel son cœur restait attaché. On peut en juger par celle-ci, publiée par le comte Sclopis, dans une étude historique sur la reine d'Espagne, et dont nous ménagerons, comme lui, les incorrections. « 31 janvier 1708. Pourquoi croyez-vous, mon cher père, que je n'aie plus d'amitié pour vous et que même je vous aie oublié, comme vous m'avez fait mander il y a quelque temps, par ma mère ? J'en suis très offensée, étant aussi éloignée que je le suis d'une pareille chose, car je puis vous assurer que je vous ai toujours aimé tendrement. Il me semble que c'est bien plutôt à moi à vous faire des reproches, puisque vous faites de votre mieux pour m'arracher la couronne, et qu'ainsi vous ne me donnez guaire de marque de la tendresse que vous devriez avoir pour moy. Jusqu'à quand, mon cher père, prétendez-vous persécuter vos filles en leur faisant souffrir tout ce qu'on peut imaginer ? Rien peut-il être plus cruel que de se voir faire la guerre par un père qu'on aime ? Finissez mes malheurs, aimez un enfant qui le mérite, il ne tient qu'à vous de me rendre la princesse la plus heureuse. Me le refuserez-vous ? Aurez-vous un cœur assez dur pour cela ? Non, mon cher père, je ne puis croire une pareille chose, et j'espère que vous vous laisserez à la fin toucher par une fille qui est pénétrée de douleur de tout ce qui se passe, qui vous aime véritablement et qui souhaite vos avantages. Vous les y trouverez si vous voulez être de nos amis, et je vous promets l'agrandissement de vos Etats en vous faisant donner tout le Milanais, qui serait aisé à reprendre dès que vous voudriez vous entendre avec nous pour laisser rentrer nos troupes dans ce pays-là. Si cela ne vous contente pas, je me charge encore de vous faire donner par les deux roys le titre de roy de Lombardie. Voilà la vengeance que je veux prendre de vous. Mon cœur, rempli de tous·les sentiments que vous pouvez connaître dans cette lettre, m'a fait imaginer tout ce qu'elle contient, pour vous donner les moyens de finir une guerre qu'il y a si longtemps. qui dure, d'achever les malheurs de vos filles, de devenir roy et d'agrandir aussi considérablement vos Etats. J'ai choisi pour vous rendre celle-ci un gentilhomme romain qui vous la donnera en main propre, et qui passera partout sans donner de soupçons, disant qu'il va chez luy. Ne manquez pas, s'il vous plaît, de me faire réponse par le même, ou par le moyen que vous jugerez à propos et faites-moi savoir celle qu'il vous conviendra de prendre pour entrer en négociation. Je vous répète encore que je puis tenir ce que je promets, et que cecy se passe qu'entre vous et moy sans participation d'aucun ministre. J'attendrai avec grande impatience votre réponse, faites qu'elle soit ma consolation et qu'elle me marque votre tendresse que je mérite,·mon cher père, par celle que j'ay pour vous. Marie-Louise.

« P.-S. — Je crois que vous ne laisserez pas que d'estre étonné en songeant à votre Louison (qui est le nom que j'ai eu long-temps) de lire une lettre comme celle-cy; mais malgré moy vous me faites devenir sérieuse. Je la suis tant par ce que je mande aujourd'huy, qu'il me semble qu'il n'est plus permis de vous appeler mon cher papa. Soyez-le pourtant, et moy vostre Louison, et aimons-nous comme deux bons amis. »

On ignore si Victor-Amédée répondit à cette lettre, et même si elle arriva dans ses mains, puisqu'elle fut trouvée à Madrid ; mais il est plus que probable qu'expérimenté comme il l'était en politique, il n'eût donné dans de telles illusions.

CHAPITRE XXI

On conserve, de cette malheureuse époque, dans les archives de Turin, les nombreuses lettres de ces trois princesses, qui malgré les difficultés de la guerre, ne cessaient de correspondre entre elles. Les lettres de la duchesse Anne et celles de la reine d'Espagne passaient par la France et allaient à Paris avant d'arriver à leur destination, et la duchesse de Bourgogne servait d'intermédiaire entre sa mère et sa sœur, ayant à sa disposition un courrier qui lui fut maintenu pendant tout le temps de ces cruelles hostilités, même aux époques où elles furent le plus animées. Plusieurs des lettres de Marie-Adélaïde sont perdues ; d'ailleurs, elle écrivait peu et presque toujours sans dater, défaut qu'elle partageait avec sa mère, et qui nuit au classement des feuilles et à la clarté des détails qu'elles contiennent. Celles de Marie-Louise, au contraire — nous dit Madame Luisa Saredo, qui a visité toute cette correspondance, — sont bien datées, de jours et d'années, nombreuses, longues, expansives ; ce sont des sortes de petits cahiers, couverts d'une écriture serrée, remplis d'espérances et d'illusions, sentiments que partageaient aussi les deux autres, et qui furent leur soutien pendant ces longues années de discorde.

Les lettres de Marie-Louise, en particulier, témoignent du souci qu'elle avait de sa mère, que tout ramène à sa pensée. Si elle parle du temps magnifique qu'elle vient d'avoir pour aller à Madrid, elle constate « que c'est le même dont jouissait sa mère à la Vénerie ». Elle compare le froid de Madrid avec celui de Turin, celui-ci « bien plus rigoureux ». Elle rend compte de l'ennui que lui font éprouver les fastidieux compliments du jour de l'an, et fait allusion au même ennui « qu'elle savait si bien que sa mère en éprouvait pour son compte ». En parlant du bon état de sa santé, au moment de la naissance d'un enfant : « Je suis vraiment comme vous — lui dit-elle, — quand mes frères devaient venir au monde et que vous étiez si bien. »

Elle ne se possédait pas de joie en apprenant que son père et sa mère vivaient avec plus d'amitié, qu'ils allaient ensemble visiter Madame Royale, et elle écrit à celle-ci : « Le récit de la manière dont mon père et ma mère sont à présent ensemble m'a charmé et m'a donné une joie infinie ; car rien ne me donne tant de plaisir que de savoir qu'elle est traitée comme elle le mérite tant. »

Elle parle des plaisirs de Madrid qui sont à peu près nuls pour elle, son état de grossesse ne lui permettant pas de danser ; elle se contente d'assister à des comédies françaises, jouées avec talent par des personnes de la cour. Ces comédies amusent le petit prince, son fils, « qui déteste les pièces espagnoles, mais s'amuse beaucoup des françaises, surtout les voyant jouer par des personnes de sa connaissance ».

A ces détails du carnaval de Madrid, Anne répondait par ceux des plaisirs de Turin, qui n'étaient pas non plus très brillants. Le duc avait peu l'esprit aux fêtes, et elle partageait trop ses soucis pour rechercher la distraction. Plus jeune, elle avait aimé la danse, et elle avait gardé une vive passion pour la musique. La reine d'Espagne s'inquiète de savoir si elle a un bon opéra à Turin, « sachant que c'est son divertissement préféré ».

La duchesse de Bourgogne, au contraire, s'amusait beaucoup ; elle le faisait « pour toutes les trois, disait sa sœur, se trouvant dans un pays à cela et faisant bien d'en profiter ». Marie-Adélaïde n'assistait pas seulement aux comédies qui se jouaient à la cour, elle y prenait son rôle et se faisait applaudir par un parterre aussi noble qu'intelligent. Marie-Louise, dans ses lettres, notait la fatigue et les imprudences de la jeune duchesse et se montrait inquiète, comme si elle eût pressenti que cette vie de fêtes devait se terminer par une fin si prématurée.

Les lettres de celle-ci, devenue dauphine par la mort du fils de Louis XIV, sont courtes, et elle s'y montre elle-même préoccupée de sa santé. Sous la légèreté apparente, transperce une affection profonde pour sa famille. Quoiqu'elle l'eût quittée si jeune et presque enfant, et qu'elle se fût attachée et comme identifiée à la cour de France, elle avait gardé un sentiment si vif de tendresse pour ses parents, que Louis XIV ménageait la conversation devant elle et évitait tout propos qui eût pu froisser son amour filial. Nous nous plaisons à citer ici une lettre d'elle à son père, qui témoigne de la mesure en même temps que de ses nobles sentiments : « 31 décembre 1708. Les assurances, mon cher père, que ma mère m'a données de la continuation de votre amitié me font un trop grand plaisir pour ne vous pas témoigner moi-même ma reconnaissance et combien je suis sensible à votre souvenir. Rien ne diminuera jamais mon respect et ma tendresse pour vous ; le sang, mon cher père, se fait sentir bien vivement dans toutes les occasions et malgré ma destinée malheureuse, puisqu'elle me fait estre dans un parti contraire au vostre, vos intérêts sont si fort imprimés dans mon cœur, que rien ne me fera jamais souhaiter contre. Mais cette même tendresse ne fait qu'augmenter ma douleur quand je songe que nous sommes au nombre de vos ennemis. J'avoue que l'amitié pourrait estre un peu blessée de voir que vous estes contre vos deux filles, mais pour moy je ne serai jamais contre vous, et ne vous regarde que comme un père que j'aime plus que ma vie ; mais ce n'est point dire assez puisque je la sacrifierois volontiers pour vous et que vostre intérêt est l'unique but de mes désirs présents. Permettez-moi donc, mon cher père, que j'avance d'un jour le premier de l'année, pour souhaiter que celle où nous allons entrer soit la fin de mon malheur, en nous réunissant ensemble d'une manière qui me comble de joie. C'est vous dire qu'il ne tiendrait qu'à vous de me rendre la plus heureuse du monde. Mais je crains de vous estre importune par la longueur de cette lettre, pardonnez-moy la liberté que je prends. Je ne puis m'empêcher de vous assurer une fois au moins par an de ma tendresse et de mon respect, et de vous demander en même temps la continuation, mon cher père, de votre amitié. Je crois la mériter et ne m'en rendre jamais indigne. »

L'espoir de la paix remplissait la correspondance de ces trois princesses, si éprouvées dans leurs affections par cette lutte implacable. Marie-Adélaïde, en particulier, en démontre le désir comme l'aspiration la plus vive de son âme. Par délicatesse pour sa mère, elle entre peu dans les détails des faits, non plus que celle-ci qui gardait une retenue peu satisfaisante au besoin de son cœur, mais que lui imposait sa prudence habituelle. Cependant les dernières lettres de la duchesse de Bourgogne commencent à donner quelques indices favorables ; dans l'une, elle note l'arrivée d'un courrier d'Angleterre faisant espérer que des conférences vont s'ouvrir à Utrecht ; dans une autre, elle se montre tout heureuse de pouvoir annoncer que ses espérances s'affirment, qu'on peut entrevoir qu'elles ne tarderont pas à être définitives ; « que ce serait pour elle une grande consolation de ne plus entendre parler de cette horrible guerre qui dure depuis si longtemps ».

Mais cette consolation ne lui fut point accordée ; la mort vint la saisir avant que les pourparlers entamés aient eu le temps d'accomplir leur œuvre bienfaisante. Sa fin inattendue jeta la consternation dans les cours de France et de Savoie. Elle fut si prompte, qu'elle amena des propos de poison, et d'autant plus que d'autres décès avaient eu lieu dans la maison royale. Les soupçons se portèrent haut, ils atteignirent le frère d'Anne d'Orléans, le propre neveu de Louis XIV ; mais ce grand monarque, quoique vivement impressionné, repoussa, comme il le devait, d'aussi fâcheuses accusations.

Voltaire dit, dans la vie de Louis XIV, qu'une fièvre scarlatine régnait en cette année, 1712, à Paris, et y avait fait périr plus de cinq cents personnes dans les rangs de la haute noblesse ; on ne peut donc s'étonner que l'épidémie ait touché à quelques membres de la famille royale.

Selon la duchesse d'Orléans, Marie-Adélaïde aurait été mal soignée par les médecins, alors en renom, qui voulurent une saignée au pied pendant que la rougeole ou la scarlatine était probablement en cours. « Ils se moquèrent de moi, écrit-elle à sa sœur, et la vieille guenipe (Madame de Maintenon) vint à moi, et me dit : « Voulez-vous être plus habile que tous ces docteurs qui sont là ? » Je lui répondis : « Non, Madame, mais il ne faut pas être fort habile « pour savoir qu'il faut suivre la nature, et puisqu'elle incline à la « sueur, il serait bien mieux de suivre cette voie que de faire lever « une malade en transpiration pour la faire saigner. »

Ces détails éloignent bien la pensée d'un crime et donnent une raison toute naturelle à la perte que l'on eut à déplorer. Cette princesse était adorée à Versailles ; Louis XIV et Madame de Maintenon tombèrent dans une tristesse profonde. Quant à son mari, qui lui avait consacré l'affection la plus tendre, quoiqu'il fût d'un caractère austère et peu en rapport avec sa nature enjouée, il en éprouva une telle douleur qu'on dit même qu'elle fut cause de sa mort.

La duchesse d'Orléans raconte à ce sujet une singulière anecdote. Elle aimait peu la duchesse de Bourgogne et la jugeait beaucoup plus aimée de son mari qu'elle ne le lui rendait, quoique sensible à son affection. « Il a bien montré que son amour pour elle était grand, écrivait-elle, car le bon sire est mort certainement de chagrin de la perte de son épouse, et il avait toujours dit qu'il en serait ainsi. Un savant astrologue de Turin avait fait à Madame la dauphine son horoscope, où elle a trouvé tout ce qui devait lui arriver en sa vie, et qu'elle mourrait dans sa vingt-septième année.

Elle en parlait souvent : un jour elle dit à son mari : « Voici le temps qui approche où je dois mourir : vous ne pouvez pas rester sans femme, à cause de votre rang et de votre dévotion ; dites-moi, je vous prie, qui épouserez-vous ? » Il répondit : « J'espère que Dieu ne me punira jamais assez pour vous voir mourir, mais si ce malheur devait m'arriver, je ne me remarierai jamais, car dans huit jours je vous suivrai au tombeau ; cela est arrivé justement comme il avait dit : en effet, le septième jour après la mort de son épouse, il est mort aussi ; ce que je vous dis là n'est pas un conte, mais la pure vérité. »

La reine d'Espagne partageait l'opinion de la duchesse d'Orléans, quant à la tiédeur du sentiment que sa sœur éprouvait pour le prince son mari, et elle s'en ouvrait parfois à sa famille. « Je sais bien, écrivait-elle à sa grand-mère, que tous les mariages ne sont pas aussi heureux que le mien, et je reconnais bien mon bonheur en cela. Je désirerais bien que ma sœur aimât Monsieur le duc de Bourgogne la moitié seulement de ce que j'aime le roi, car ce serait encore beaucoup. Je ne puis pas m'empêcher de vous dire que si elle ne le fait pas, je ne peux pas la louer, car elle serait une ingrate de ne pas répondre à toutes les marques d'amitié que Monsieur le duc de Bourgogne lui donne. »

Anne d'Orléans éprouva de tels regrets de la mort de sa fille, que pendant quelques jours elle n'eut pas même la force d'écrire à celle qui lui restait. « Mon Dieu, que la pauvre duchesse de Savoie va être affligée ! écrivait la duchesse d'Orléans ; je la plains de tout mon cœur et je ne puis penser à ce qu'elle va souffrir. Monsieur le dauphin est bien affecté, mais il est jeune, il peut se remarier, tandis que pour Madame de Savoie la perte est irréparable. »

La douleur de Victor-Amédée fut peut-être plus profonde encore ; c'était sa fille de prédilection, le premier enfant qui eût fait battre son cœur de père ; il était fier de sa grâce, de son esprit, de son caractère et se savait particulièrement aimé d'elle. L'orgueil et la tendresse s'unissaient pour lui donner des larmes. Pour tous les deux, le deuil de cour fut le vrai deuil du cœur.

Il a été raconté par Duclos que Louis XIV, visitant les papiers de Marie-Adélaïde après sa mort, et y trouvant les preuves de secrets communiqués à son père, s'était tourné vers Madame de Maintenon en lui disant : « La petite coquine nous trompait. » Duclos était trop enfant alors pour que sa narration présente rien d'authentique, et l'exclamation qu'il donne à Louis XIV comporte une forme légère, tout autre que celle de l'indignation qu'au-

rait eue le monarque, s'il eût découvert une véritable indiscrétion.
Marie-Adélaïde était vive et même étourdie ; le seul fait d'une
communication, comme celle que nous avons vue dans ses lettres,
au sujet de la paix, pouvait entraîner l'exclamation du grand roi.

Les morts que l'on eut encore à déplorer, dans le sein de la
famille royale, après celle de la duchesse de Bourgogne, continuèrent d'accréditer l'odieuse pensée du poison. Ainsi que nous
l'avons dit, le prince son mari la suivit au tombeau et mourut six
jours après elle ; et lorsque, deux ans plus tard, le duc d'Anjou,
second fils de Marie-Adélaïde et l'unique héritier du trône, tomba
lui-même malade, l'alarme ne connut plus de bornes. Saint-Simon
raconte que la duchesse de Ventadour, gouvernante de l'enfant
royal, sous l'impression de telle crainte, prit sur elle de séparer le
jeune prince de tout médecin et d'empêcher qu'aucun remède ne lui
fût administré, si ce n'est un contrepoison fourni par la comtesse
de Verrua, que cette dame avait rapporté de Turin. Ce serait ce
fait qui, selon le fameux auteur des Mémoires, aurait conservé
l'héritier de la monarchie française.

CHAPITRE XXII

Il n'y avait que la paix, si justement désirée, qui pût faire diversion à la douleur des deux familles de France et de Savoie. On l'entrevoyait, mais on ne la tenait point encore. La mort inattendue de l'empereur Joseph Ier, en 1711, avait cependant changé la face des affaires ; il avait été emporté par la petite vérole, à trente-trois ans, et ne laissait pas d'enfants. La succession passait à son frère, le compétiteur de Philippe V, qui montait sur le trône autrichien sous le nom de Charles VI. Ne pouvant ceindre la couronne impériale sans renoncer à celle d'Espagne, il abandonnait définitivement ce trône au petit-fils de Louis XIV, mais non sans vouloir garder, de cette succession, les Pays-Bas espagnols et les possessions italiennes, pour les unir à ses Etats héréditaires d'Autriche. Les puissances s'y étant refusées, la guerre dut continuer. Anne, reine d'Angleterre, voulait, comme moyen d'en finir, qu'elle fût poussée avec énergie, et elle pressa le duc de Savoie de se remettre à la tête de ses troupes, pour se porter vigoureusement en avant, dans une action commune qui pût forcer à la paix. Celui-ci reprit le commandement et conduisit avec lui son fils aîné, le prince de Piémont, âgé de treize ans, voulant qu'il fît ses premières armes sous ses yeux. Il se reporta sur la Savoie, acheva de la recouvrer et attaqua de nouveau Briançon ; la ville fut encore préservée par Berwick et cette campagne de 1710 se termina sur les Alpes, sans autre action mémorable.

Louis XIV demandait hautement la paix ; il faisait des offres modérées et acceptables ; son petit-fils consentait à abandonner quelques parties de l'immense empire de Charles-Quint. Des conférences s'ouvrirent sur ces bases à Pavie ; elles furent suivies d'un congrès à Gertruidenberg ; mais les exigences des plénipotentiaires hollandais, qui maintenaient les vues haineuses de Guillaume de Nassau, faisaient obstacle à tout accord. « Messieurs, leur disait avec une hautaine franchise l'abbé de Polignac, représentant de la

France, vous parlez comme des gens qui ne sont pas accoutumés à vaincre. »

La disgrâce du duc de Marlborough, tombant par suite d'une intrigue de cour, amena l'entente désirée. En même temps que ce fameux général quittait le commandement des armées de la Grande-Bretagne, d'heureuses victoires redonnaient de l'éclat à la France et de la force à sa parole : le duc de Vendôme faisait triompher les Espagnols à Villaviciosa ; le maréchal de Villars battait les Impériaux à Denain. Des pourparlers reprirent sur le territoire hollandais, malgré la mauvaise volonté des plénipotentiaires de ce pays, qui voulaient faire sortir les représentants de la France. « Non, Messieurs, leur répondit encore fièrement l'abbé de Polignac, nous ne sortirons pas d'ici ; nous traiterons chez vous, nous traiterons de vous et nous traiterons sans vous. »

En effet, la paix fut signée à Utrech, le 12 avril 1713, et fut confirmée par le traité de Rastadt, le 6 mars 1714. L'Angleterre et la Hollande adhérèrent au testament de Charles II, en reconnaissant Philippe V pour roi d'Espagne et des Indes, moyennant la renonciation de ce prince à toute succession au trône de France ; et la Maison de Savoie, selon ce même testament, comme héritière des droits de Philippe V, en cas d'extinction de sa descendance. Louis XIV rendit à Victor-Amédée ce qu'il avait saisi de ses Etats au cours de la guerre, lui céda quelques vallées alpines avantageuses pour ses frontières, et adhéra à la cession qui lui fut faite de la Sicile et du titre de roi, prix que l'Angleterre voulait donner à ce prince, comme reconnaissance des grands services qu'il avait rendus à la coalition. L'Autriche acquérait les Pays-Bas espagnols, la Lombardie et le royaume de Naples, généreusement abandonnés par Philippe V pour le bien de la paix. L'Angleterre se faisait céder Gibraltar et Minorque, ainsi que quelques colonies en Amérique, et faisait sanctionner la souveraineté d'Anne sur la Grande-Bretagne, et la succession au trône de la ligne protestante représentée, après elle, par la maison de Hanovre.

C'est le cas de faire ici remarquer la perspicacité du regard politique de Louis XIV, qui se montrait dans les instructions que, par écrit, ce grand monarque donnait lui-même à ses plénipotentiaires. Ne s'arrêtant pas aux nécessités de l'heure présente, il plongeait dans les éventualités de l'avenir, et jugeait, d'après la nouvelle division faite des Etats de l'Europe, de ce qui pouvait advenir en Italie. Les guerres qu'il venait d'y soutenir lui avaient démontré l'impossibilité d'asservir les Etats des ducs de Savoie et, par conséquent, l'inutilité de ses vues d'agrandissement sur la péninsule. Dès lors, il changeait de politique et comprenait la nécessité venue d'augmenter la force de la Maison de Savoie, pour qu'elle pût être un rempart aux ambitions que d'autres puissances ne manqueraient de faire prévaloir. Ce sont les appétits de l'Autriche qu'il prévoyait, et l'odieuse domination et les luttes qui devaient s'ensuivre, et qui eussent été évitées si les puissances réunies au congrès d'Utrecht se fussent rangées à son avis.

Après l'engagement pris de restituer au duc de Savoie les Etats et domaines qui appartenaient à ce prince au commencement de la guerre, y ajoutant même quelques territoires avantageux, il s'associait au désir de l'Angleterre pour faire à Victor-Amédée II une concession d'agrandissement, tout autrement intelligente que celle de la Sicile.

Telles étaient ses paroles, reproduites par le sieur Messager, son principal représentant au congrès : « Quant à l'agrandissement du duc de Savoie en Italie, fait-il dire à ce délégué, Sa Majesté le regarde comme le bien de cette partie de l'Europe, dont la liberté sera bientôt entièrement opprimée, s'il ne s'élève un prince assez puissant pour la défendre contre les desseins des ambitieux et les entreprises de l'archiduc¹, plus haut et plus ardent à envahir de nouveaux Etats qu'aucun de ses prédécesseurs ne s'est encore montré. Il convient donc que le duc de Savoie réunisse tout le Milanais sous sa domination. Le roi ne s'y opposera pas, au contraire. Cette réunion faite, Sa Majesté le traitera de roi de Lombardie. Elle l'a confié à l'Angleterre, et même elle l'a fait savoir à ce prince. »

Avant même que les signatures des puissances intervenues dans ce fameux traité y eussent été apposées, Victor-Amédée écrivait à la reine d'Espagne : « Voilà, Dieu merci, ma chère fille, mon traité signé avec Sa Majesté Catholique. Je le reçus samedi passé, croyant que vous l'aurez aussi présentement reçu de votre côté. Vous jugez bien de la joie parfaite que je ressens que toutes choses soient terminées, et je viens la mesler avec la vostre. Félicitons-nous de cet ouvrage qui fait la réunion pour toujours, non pas de nos cœurs qui n'ont jamais été séparés, mais de nos intérêts.

« Il est maintenant à souhaiter que la ratification ne soit pas retardée, car le moindre délai me serait de surcharge, ainsi que j'en écris à milord Lexington. Je vous prie d'en vouloir bien presser l'expédition, et les ordres nécessaires au roy pour la prise de possession, et pour l'évacuation de la Sicile. Votre tendresse m'en assure et la mienne est au delà des expressions.

« A la Vénerie, 26 juillet 1713.

« Votre père affectionné,

« VICTOR-AMÉDÉE. »

Ce prince eût beaucoup préféré, selon ce que pensait si bien Louis XIV, l'acquisition du Milanais à celle de la Sicile, fort distante de ses Etats et d'une administration difficile ; mais il ceignait le bandeau royal ; il sortait de la position subordonnée aux autres têtes couronnées, et des invasions funestes dont avaient eu tant à souffrir ses prédécesseurs et lui-même.

Pour la duchesse de Savoie et pour la reine d'Espagne, le prix de ce grand événement consistait surtout dans la fin des discordes, dans le bonheur de la paix. Avant même qu'elle ne fût signée, Marie-Louise écrivait à sa mère : « C'est aussi une agréable idée pour moi, celle de penser que la paix que nous pouvons espérer finira toutes sortes de malheurs que cette terrible guerre nous a causés, et que nous pourrons nous écrire bien plus agréablement que nous faisons depuis longtemps. Dieu veuille, ma très chère maman, accomplir nos souhaits et me donner de plus en plus des occasions de témoigner à mon père et à vous, mon aimable maman, qu'on ne peut vous aimer avec une tendresse ni plus vive, ni plus sincère que celle que j'ai et que j'aurai toujours pour vous. »

Mais, pour Anne d'Orléans, la signature de cette paix lui eût été, bien plus encore, le suprême bonheur si elle eût pu en partager la joie avec sa fille, Marie-Adélaïde, qui l'avait tant désirée, et lui en avait signalé les premiers indices dans les dernières lettres de sa trop courte vie ! La possession de ce bien ravivait la douleur de la perte de cette fille aimée, et lui faisait sentir que désormais le bonheur ne pouvait la toucher sans qu'une ombre n'y intervînt.

1. Devenu l'empereur Charles VI.

CHAPITRE XXIII

Il ne restait plus à Victor-Amédée qu'à prendre possession de l'île célèbre dont il était devenu le maître, et les apprêts s'en firent immédiatement. Son premier soin devait être de laisser ses Etats de terre ferme en main sûre ; et jusqu'alors, à chacune de ses absences, il avait confié la régence à la duchesse sa femme. Mais en cette circonstance, il voulait que cette princesse, à laquelle désormais nous donnerons le titre de reine, vînt avec lui et fût saluée comme souveraine par leurs nouveaux sujets. Il ne jugea rien de mieux que de donner cette marque de confiance à son fils aîné, prince de grande espérance, alors âgé de quinze ans et qu'il formait avec le plus grand soin à l'art du gouvernement. Il lui laissa pour conseillers le marquis de Saint-Thomas et le marquis d'Ormea.

Le choix de ce jeune régent excita la gaieté de la reine d'Espagne, et elle écrit aussitôt : « qu'elle ne doute pas que son frère n'éprouve une grande satisfaction de cet honneur, dont il aura cependant plus d'ennui que de plaisir ». En faisant un retour sur elle-même, lors de ses débuts en Espagne : « J'en étais bien lasse, ajoute-t-elle, et ne me reposais qu'en jouant à colin-maillard en sortant du conseil. » Elle se montrait modeste, car elle aurait pu se vanter de tout autre savoir-faire, témoin le succès qu'elle avait eu en présidant les États de Saragosse, pendant que Philippe V était à l'armée d'Italie et dont elle raconte à sa grand-mère le résultat dans ce billet si simple et si naturel : « 18 juin, 1702. Comme je sais, chère grand'maman, que vous ne serez pas fâchée d'apprendre que les États d'Aragon ont été à ma satisfaction, je ne veux pas manquer de vous faire ce plaisir moi-même. Je vous dirai que le peu de temps a empêché que les Aragonais fissent un don au roi et que je finisse les cours. Ainsi il m'a fallu me contenter de les proroger, et recevoir un présent qu'ils m'ont fait de 100.000 écus, que j'envoye au roi, car je crois qu'il en a grand besoin. »

Sa mère s'adressait à elle, avant son départ pour la Sicile, afin de se mettre au courant de l'étiquette espagnole qui allait régir sa nouvelle cour, dans ce pays. Marie-Louise ne se faisait faute de lui répondre, et lui expliquait plaisamment que toutes les différences entre les diverses classes de grandesses consistaient «dans la manière d'employer son chapeau ». Que les grands de première classe gardent le chapeau sur la tête en parlant au souverain ; que les grands de seconde classe le remettent de suite, après avoir fait leur compliment et avant que d'en avoir la réponse ; et que les grands de troisième classe ne le remettent qu'après que le compliment et la réponse ont été faits. « Quant à leurs femmes, quel que soit le degré de grandesse qu'elles possèdent, il n'y a aucune différence entre elles ; toutes ont droit de s'asseoir à côté de la reine, sur une *almueda* [1]. Quand la reine tient cercle, toutes s'assoient sur leur *almueda*, tandis que les autres dames, qui ne sont pas Grandes, sont assises par terre. Aussi — a-t-elle soin d'ajouter, — comme cette position n'est guère agréable, toutes se hâtent, après avoir fait leur compliment et leur baisement de main en toute presse, de disparaître avec plus de presse encore. »

Victor-Amédée II avait été proclamé roi le 22 septembre 1713, et ce même jour, il fut salué comme tel dans ses anciens États. Cet acte excita beaucoup d'allégresse, car ses sujets, — comprenant bien qu'ils resteraient le centre de son gouvernement, — se réjouissaient d'un accroissement de puissance qui ne pouvait que tourner à leur avantage.

Une seule personne se montrait peu satisfaite, c'était Jeanne-Baptiste de Nemours ; elle s'inquiétait de ce qu'allait devenir sa position, dans un si notable changement, et craignait que sa belle-fille, devenue reine, ne dût prendre le pas sur elle. Celle-ci, cependant, lui avait toujours montré trop de déférence pour qu'elle eût lieu de se tourmenter ; et son fils, malgré les difficultés et les froideurs qui existaient entre eux, l'entourait des plus grands égards. Aussi eut-il soin de la tranquilliser en déclarant que, « selon les traditions de la Maison de Savoie, elle aurait toujours, comme mère, l'honneur de la première place ». Elle se faisait l'illusion que la régence pourrait lui revenir ; mais là-dessus son fils fut inflexible, tout en dorant son refus du singulier privilège de lui laisser nommer elle-même l'ambassadeur d'Espagne qui serait accepté comme son propre représentant. Madame Royale fut sensible à cet égard et en fit confidence à sa petite-fille, laquelle écrit à ses parents : « 28 septem-

---

1. Espèce de coussin jouant le même rôle que le tabouret à la cour de France.

bre 1713. J'ai reçu cette semaine une lettre de ma grand'mère, qui est touchée au-dessus de ce que je puis vous dire de la manière dont mon père et vous en usez avec elle. Elle sent vivement tout ce qu'elle doit sentir pour vous. »

Cet important départ se trouvant tout organisé et les mesures prises avec le plus grand soin, la cour de Turin se rendit au château de Racconigi, pour prendre congé du prince et de la princesse de Carignan. Là, se donnèrent des fêtes magnifiques. Le roi et la reine de Sicile emmenaient avec eux le prince Thomas de Carignan, second fils du vieux prince Philibert, qu'Anne aimait particulièrement et se plaisait à appeler « l'aimable Thomas ». Il avait vingt-deux ans et pouvait leur être utile. Mademoiselle de Suse était confiée à Madame Royale. Les deux jeunes princes accompagnèrent leurs parents jusqu'à Saint-Dalmazze, limite du comté de Nice, et là se firent les adieux, non sans larmes, car c'était la première fois que Anne et ses fils se séparaient les uns des autres, et l'éclat des réjouissances ne pouvait empêcher leurs regrets.

A Nice se trouvait une députation sicilienne, conduite par le prince de Roccafiorito, qui portait les premiers hommages de l'île à ses nouveaux souverains. Une escadre anglaise, mouillée dans le port de Villefranche, sous le commandement de l'amiral Jennings, attendait les augustes passagers, qui s'embarquèrent avec toute leur maison et un corps considérable de troupes.

D'après les historiens siciliens, ces nouveaux maîtres furent bien vus de l'Ile et y trouvèrent un excellent accueil. Isidore la Lumia dit que leur arrivée fut considérée comme un heureux événement. La Sicile était lasse d'être gouvernée par un vice-roi espagnol et de n'avoir pas de souverain résidant; et elle ne doutait pas que les princes piémontais abandonneraient le séjour de leurs États du Nord de l'Italie, pour habiter de préférence cette Ile, l'un des plus beaux lieux de la terre. De plus, ils étaient satisfaits du choix de Victor-Amédée, dont la réputation de bravoure et de talent flattait leur fière nature; et ils voyaient revenir avec lui la glorieuse époque des Tancrède et des Roger.

Le nouveau roi, de son côté, apportait les meilleures dispositions, et s'était déjà mis fort au courant des besoins et des aspirations de la Sicile, avec quelques membres de la noblesse palermitaine, venus à l'avance à Turin pour lui rendre un premier hommage.

La traversée fut longue, fatigante, contrariée par les bourrasques, si fréquentes dans le bassin de la Méditerranée. Les dames, et Anne la première, en furent très éprouvées. Embarqués le 30 octobre, les souverains ne furent que le 10 novembre en vue de Palerme. La plage leur apparut couverte d'une immense population, toute en fête. L'archevêque, le clergé, la noblesse, les autorités, ayant à leur tête le marquis de Los Balbazès, vice-roi espagnol, montèrent sur une galère et se rendirent au-devant de l'escadre. La mer se couvrit de mille embarcations qui saluaient avec enthousiasme ; et le Sénat, en toge, monté dans de magnifiques carrosses, faisait attente au lieu du débarquement. En même temps le canon et les cloches s'unissaient aux vivats et animaient encore l'admirable spectacle. La reine en était toute émue.

Victor-Amédée fit d'abord débarquer les troupes, qui prirent immédiatement possession du château et des forts ; et ce ne fut que le lendemain, vers le soir, après avoir reçu du vice-roi la consigne de tous les pouvoirs, qu'il ordonna la descente à terre. L'entrée dans la ville se fit de nuit, avec une solennité imposante. Montés dans des voitures de la plus grande richesse, le roi, la reine et leur suite traversèrent cette cité entièrement illuminée, au milieu d'une foule innombrable qui acclamait, et sous le déploiement de feux d'artifice d'un éclat incomparable. Ils descendirent à la cathédrale, où un nombreux clergé leur fit vénérer les reliques de sainte Rosalie, pompeuse et longue cérémonie, d'où ils se rendirent à la chapelle du palais royal et reçurent la bénédiction du corps important des chanoines ; ils entrèrent enfin dans le palais et reçurent toute la noblesse pour le baisement de main.

Victor-Amédée, qui était ordinairement fort simple dans sa tenue, s'était mis en frais pour un cas si exceptionnel, et portait un habit en droguet marron, brodé d'or. La reine était revêtue d'une robe de brocart noir, ornée de pierreries, dont la traîne immense était constellée de diamants. Cette première réception eut un caractère de cordialité qui disposa bien les esprits ; les princes se montrèrent satisfaits et les sujets heureux.

Dès les premiers jours, le roi, avec son activité ordinaire, se mit à étudier le pays et les moyens d'y bien acheminer son gouvernement. Levé de bonne heure, comme il en avait l'habitude, il travaillait toute la matinée avec son conseil et voyait tout par lui-même. Quand il quittait son cabinet, il allait se promener par la ville et dans ses environs, avec autant de confiance que s'il se fût trouvé dans son fidèle Piémont. Il visitait avec empressement les monuments dont la remarquable architecture fait l'orgueil des Palermitains. « Un jour, le 23 octobre, écrit le Sicilien Antonio Mongitore, il fut à cheval au couvent de Montréal et admira tellement sa majestueuse église qu'il voulut y retourner, quelques jours après, en compagnie de la reine. Rien n'échappait à sa curieuse observation, et la pieuse ferveur du peuple put rester édifiée des divers actes de piété publique auxquels le roi se prêtait avec plaisir. »

La reine s'était mise promptement à étudier l'italien, car à la cour de Turin on parlait le français ou le dialecte piémontais. Elle le faisait avec entrain et se montrait fière de la manière dont elle y réussissait. « Pour moi, — écrivait-elle à sa belle-mère, — je parle si bien italien que le roi et le marquis de Balbazès en sont surpris. » Mais l'étude de cette langue n'était pas suffisante , car la plupart des dames de Palerme ne parlaient que le sicilien , fort difficile à saisir ; aussi, dans une autre lettre à la même, Anne écrit : « Je pense, avec votre permission, que si vous étiez ici je rirais un peu de voir comme vous feriez pour parler aux dames et les entendre, la Siciline étant pire que le Gênois ; et quand je me suis bien fatiguée à leur parler italien, plusieurs ne savent pas ce que je leur dis et je leur rends la pareille, ne les entendant pas. »

Malgré ces difficultés, inhérentes à tout changement de pays — et surtout en Italie, où les dialectes sont très variés, — Anne plaisait beaucoup ; on lui trouvait de la dignité dans le port, en même temps que de l'affabilité dans l'accueil et un air de grande bonté. Ces favorables impressions entraînaient pour elle l'ennui de réceptions interminables, toutes les dames briguant l'honneur de lui baiser la main. Il en venait même de toute sorte et il fallait y mettre arrêt, selon ce qu'on lit dans le Mémorial du marquis d'Augrogue, grand-maître des cérémonies, qui, parlant de l'affluence de ces réceptions, annote « que le nombre en eût été bien plus grand s'il ne s'en fût trouvé plusieurs en habits qui ne se pouvaient décemment recevoir à la cour ».

Ce qui contribuait aussi à lui gagner les cœurs était son assiduité aux innombrables cérémonies religieuses, qui sont dans les habitudes de ce peuple, et auxquelles, heureusement, sa piété naturelle la disposait à se rendre, sans trop se plaindre de la fatigue. Victor-Amédée, moins dévot et très occupé, cherchait souvent à s'y soustraire, mais il était obligé, plus qu'il n'eût voulu, de se conformer à ce goût du peuple sicilien, trop impérieux pour que l'on ne dût le ménager.

CHAPITRE XXIV

Ne voulant négliger aucun moyen de consolider son autorité, le roi décida de convoquer sans retard l'assemblée dite les « *bras du royaume* », c'est-à-dire la réunion des Etats, à laquelle on donnait cette singulière mais expressive dénomination. Elle était composée des représentations du clergé, ou *bras ecclésiastique* ; de la noblesse, ou *bras baronnal ;* et des fonctionnaires civils et militaires, ou *bras domanial.* Ils devaient prêter serment de fidélité au roi et recevoir son propre serment à la Constitution. Ce fut l'occasion d'une nouvelle entrée des souverains dans la ville, la première, disait-on, n'ayant pas été faite selon l'antique usage. Elle fut fixée au 21 décembre et devait être suivie de la cérémonie du sacre. La douceur du climat permit d'ériger, en dehors de la ville, un immense pavillon, d'une richesse orientale, tenant lieu de palais, et où le roi et la reine, entourés de leur cour, partirent pour recommencer le spectacle de leur entrée. Ils étaient l'un et l'autre à cheval, escortés de tout le clergé et des corps de l'Etat, tous également à cheval. Leur aspect satisfit beaucoup le peuple qui assistait à cet imposant défilé, y donnant de bruyantes acclamations.

Il est curieux de lire les détails de ce spectacle dans les auteurs du pays : « Victor-Amédée, écrit Mangitor, est sur les quarante-sept ans ; il avançait plein de majesté, sous l'ample perruque à grosses boucles qui lui descendait sur les épaules. Il montrait des traits réguliers, un peu bronzés par la vie des camps. Il regardait autour de lui, d'un regard assuré mais tranquille, sans paraître nullement ému de l'enthousiasme extrême du peuple. La reine, Anne d'Orléans, de quelques années plus jeune que lui, conserve encore des traces de sa beauté passée. Bonne, vertueuse, modeste, elle paraît jouir de ce spectacle moins pour elle que pour son mari, avec lequel elle a vécu avec attachement et soumission, malgré de certaines escapades qui auraient pu exciter sa jalousie féminine. » Cette observation joint au mérite de l'originalité celui de l'exactitude — tant au sujet des faits que nous connaissons et que l'historien qualifie si lestement — que par rapport à l'impression ressentie par la reine, laquelle, en effet, était beaucoup plus sensible à ces démonstrations pour l'honneur qui en revenait au roi que pour elle-même. Ses goûts ne la portaient pas vers la pompe et elle ne se gênait point, dans ses lettres à Turin, pour montrer sa lassitude de tout ce fatras de représentation.

Après la cavalcade, et le passage sous les arcs de triomphe, et le baisement des croix et des reliques, et la réception des clés d'or de la ville, et le serment du roi et des États, le lendemain, il se fit la majestueuse cérémonie du sacre, selon l'ancien rite normand. L'archévêque marqua Victor-Amédée, à genoux devant l'autel, de diverses onctions sur le front, sur les bras et sur l'épaule; il lui posa la couronne sur la tête, le sceptre dans la main, et le revêtit du manteau royal. Après quoi, le roi s'assit sur un trône, là préparé, au bruit des salves d'artillerie, puis revint à l'autel et fit à l'archevêque la demande de l'honneur du sacre pour la reine. Celle-ci descendit de la tribune où elle avait assisté à cette première partie de la cérémonie et s'agenouilla, à son tour, devant l'autel. Elle était vêtue d'une robe de drap d'argent, semée d'étoiles en diamants. Après avoir reçu les onctions et les insignes royaux, elle alla prendre sa place sur le trône. « Elle avait un air de majesté, dit une relation silicienne, qui démontrait que le sang royal de France et de Grande-Bretagne coulait dans ses veines, et elle marchait avec une modestie où apparaissait toute la perfection de sa belle âme. Bien qu'elle portât sur elle un trésor de perles et de diamants, elle est elle-même d'une telle valeur que le plaisir que l'on avait à la regarder s'adressait plus à ses vertus qu'à ses joyaux. » — Il nous semble que tout cœur français doit être charmé de cet éloge, où la naïve sincérité s'allie à un style aussi flatteur et aussi séduisant.

Ce grand acte se termina par la célébration de la messe, à laquelle communièrent le roi et la reine. Ils se montrèrent ensuite au peuple et lui jetèrent à profusion des pièces de monnaie frappées à l'effigie du roi. La cérémonie avait duré trois heures, et la reine, qui craignait que ce ne fût beaucoup plus long, se montra satisfaite. Elle écrivit immédiatement à Turin, disant « que jamais fonction plus belle ne s'était vue et que la comtesse Provana (sa dame d'honneur) disait qu'elle ne regrettait plus d'avoir tant souffert du mal de mer, puisqu'elle avait pu voir une cérémonie pour laquelle il valait la peine de venir de bien loin ». Anne disait encore « que les insignes royaux allaient à merveille au roi et ajoutaient à sa bonne mine ».

Malheureusement les joies du couple royal furent subitement suspendues par les déplorables nouvelles, qui lui arrivèrent de Madrid, où depuis quelque temps la santé de la reine donnait de l'inquiétude. Dès son arrivée en Espagne, cette princesse avait été éprouvée par les émotions, par les événements politiques et les révolutions. La fatigue de grossesses successives s'y était ajoutée, et elle venait de donner le jour à un quatrième enfant, dans un état de faiblesse qui laissait peu d'espoir de la conserver. En recevant de telles informations, le roi et la reine de Sicile tombèrent dans la consternation. Ils lui envoyèrent immédiatement, de Turin, le médecin qui avait soigné son enfance. Louis XIV lui expédiait de Paris un docteur renommé. Victor-Amédée ne cessait d'écrire à son ambassadeur à Madrid [1] pour activer les soins. Il fut impossible de remédier à un état aussi désespéré. Marie-Louise mourut à vingt-sept ans, laissant dans une inexprimable douleur tout ce qui l'entourait.

La correspondance entre la Sicile et l'Espagne, se faisant par mer, était fort lente et souvent éprouvait de grands retards ; ce ne fut que deux mois après cette triste fin que la communication en parvint à Palerme. Marie-Louise était appréciée de ses parents autant et peut-être plus encore que la duchesse de Bourgogne. Ils furent plongés dans la douleur. Anne en était anéantie ; c'était une fille de prédilection et dont elle avait toujours reçu des marques de tendresse touchante. Aussi n'avait-elle plus la force de voir personne, ni même d'écrire aux princes ses fils, et pour quelques jours elle s'enferma dans une complète solitude.

En Espagne, la désolation était générale. Philippe V l'aimait uniquement et lui avait accordé une confiance illimitée. « Cette reine, dit Saint-Simon, qui arriva en Espagne comme ambassadeur peu après sa fin, était universellement adorée ; point de familles dans tous les Etats où elle ne fût pleurée et personne en Espagne qui s'en soit consolé après. »

Mais pour les têtes couronnées, il n'est douleur si grande qui puisse longtemps suspendre leurs devoirs ; Anne dut bientôt dominer ses larmes, recevoir toutes les dames qui lui portaient leurs tristes doléances, supporter leurs baisements de main ; elle

1. Le comte Morozzo della Rocca.

écrivait à Madame Royale qu'en telle circonstance « c'était chose à en mourir ».

Ce douloureux événement suspendit le dessein formé par les souverains de visiter diverses parties de la Sicile, notamment Messine, où ils étaient attendus. Après quelque temps donné au deuil, ils durent reprendre ce projet. Quoiqu'ils ne parlassent nullement de quitter l'Ile, le bruit se répandait qu'ils n'avaient point l'intention d'y fixer leur séjour, et la population s'en montrait inquiète. Les dames de Palerme, qui aimaient la reine, la pressaient de faire venir les princes ses fils auprès d'elle, et Anne, trop sincère pour être bon diplomate, ne savait les rassurer en donnant un motif plausible à leur absence.

D'autres sujets de mécontentement se formaient : les Siciliens étaient jaloux des Piémontais et des Savoyards qui entouraient le trône. Victor-Amédée avait bien, dès son arrivée — pour prévenir ce naturel sujet de plainte, — nommé quelques gentilhommes du pays à plusieurs charges de cour, et créé une compagnie de gardes du corps exclusivement formée de ce même élément, mais cela ne suffisait à les satisfaire.

Des difficultés plus graves encore, et provenant de la cour de Rome, jetaient de fâcheuses racines ; elles s'étaient déjà manifestées à l'avènement de Philippe V et redoublaient d'intensité avec celui de Victor-Amédée. Le gouvernement pontifical voulait profiter de ces changements de dynastie pour détruire un ancien droit concédé à la Sicile et qui remontait à l'époque d'Urbain II, vers l'an 1090. Ce grand Pontife, pour reconnaître le service que Roger 1er avait rendu à l'Eglise en faisant, à la tête de ses Normands, la conquête de l'Ile, et l'enlevant à la domination des Maures infidèles, l'avait nommé son légat *a latere*, ce qui lui donnait le privilège — étendu à ses sucesseurs — de juger sans appel en matières ecclésiastiques. Pour accomplir un mandat de si grande importance, Roger avait établi un tribunal spécial, dit *Tribunal de la monarchie*, que les princes ses successeurs maintinrent en vigueur, malgré l'opposition que bientôt y fit le Saint-Siège. La dynastie des souverains espagnols, héritière des rois normands, s'étant éteinte avec Charles II, ce fut l'occasion pour Clément XI de supprimer le tribunal. Philippe V protesta, et Victor-Amédée, qui prenait sa place, agit de même ; il n'eût voulu qu'une institution, aussi glorieuse au pays dont il recevait la couronne, fût perdue entre ses mains. Le pape maintint son décret d'annulation et, vu les protestations qui s'élevèrent de diverses parties de l'Ile, il jeta l'interdit sur plusieurs diocèses. Ceci devint un élément de troubles ; les esprits profondément religieux des Siciliens s'en alarmèrent. Le roi vit la nécessité de faire diversion et de mettre en jeu d'autres préoccupations. Or, une visite à ses peuples, avec ses accessoires de démonstrations, d'amnisties, de générosités et de réformes était d'un heureux effet et pouvait contrebalancer d'autres influences, et le voyage fut résolu.

CHAPITRE XXV

A cette époque, un voyage en Sicile présentait de grandes difficultés à cause du mauvais état des routes, et souvent de leur non-
existence dans les pays montagneux qui remplissent l'intérieur de
l'île. Le mieux eût été de se rendre par mer à Messine, mais c'est
un élément dangereux au printemps et, de plus, c'était s'éloigner
du contact des populations, principal but du voyage. On irait donc
par terre, les hommes à cheval, dit le roi, et les dames suivant
en litière. Anne ne fit aucune objection ; depuis la mort de la
reine d'Espagne, elle était tombée dans une sorte d'anéantissement
et n'avait plus d'avis. « Notre malheur me rend si indifférente,
écrivait-elle à sa belle-mère en lui parlant de ce voyage, que je
vais comme l'on veut, sans réfléchir si je souffrirai ou non. Tous
les maux ne me paraissent rien après ce qui vient de nous arriver ;
mais il ne faut pas en parler, cela ne fait, Madame, que de redou-
bler notre douleur. »

La cour partit de Palerme le 19 avril et arriva à Messine le 2 mai.
La reine eut quelquefois à rester en litière sept et huit heures de suite,
portée à bras par les gens du pays, au travers de sentiers si raides
et si rocailleux que la litière pouvait à peine rester en équilibre ;
elle s'en effrayait et s'en fatiguait beaucoup. Mais l'impression de
Messine lui fit du bien ; cette ville lui plut ; elle y trouva le palais
royal plus gai que celui de Palerme et animé par la vue de la mer.
Elle profita de cette meilleure disposition pour chercher à se
secouer de sa tristesse, s'efforçant de mettre de l'intérêt à visiter
cette nouvelle cité ; elle écrivait à ses fils, leur racontait les choses
gaies et curieuses qu'elle y avait remarquées ; elle leur envoyait
des présents achetés avec soin, par objets pareils pour chacun
d'eux, afin d'empêcher toute supposition de préférence. Avec sa
bonté extrême, elle faisait des achats pour Mlle de Suse, ne voulant pas la séparer de la famille.

Mais son appréciation avantageuse de Messine n'empêchait pas que sa santé n'y fût en souffrance comme elle l'était déjà à Palerme. La secousse de la mort de sa seconde fille, si rapprochée de la perte de la première, avait dépassé ses forces, et cette santé, si florissante jusqu'alors, se trouvait ébranlée. Elle se plaignait du climat, des vents violents qui règnent dans ces régions et sont le remède des chaleurs suffocantes que l'on ne pourrait supporter sans eux. Elle sortait peu, tenait les fenêtres fermées; cela fatiguait le roi, qui sortait par tous les temps et lui disait, pour la remonter, qu'il s'était guéri d'une attaque de goutte à force de marcher : « remède qui ne guérirait pas tout le monde », écrivait-elle tristement.

Elle n'avait plus qu'une seule aspiration : revoir ses chers fils, retourner en Piémont, quitter cette île qui, toute radieuse qu'elle fût, ne lui disait rien au cœur. Elle écrivait souvent à Madame Royale, déplorant de n'être plus auprès d'elle, de ne pouvoir pleurer avec elle la fille tant aimée. Le chagrin la rapprochait de cette belle-mère, dont elle avait eu plutôt à se plaindre, mais elle l'oubliait et lui écrivait, à la veille de son arrivée à Turin, « qu'il y aurait le lendemain trente ans qu'elle avait eu le bonheur de la connaître, et qu'elle en avait reçu tant de marques d'amitié qu'elle se regarderait comme indigne de vivre, si elle ne ressentait pas pour elle la plus vive tendresse ». L'expression était forte, mais elle ne rendait pas le sentiment en son cœur; rien ne lie comme le malheur : Jeanne-Baptiste de Nemours avait beaucoup aimé ses petites-filles; elle les pleurait sincèrement, et cette similitude de regrets disposait Anne d'Orléans à ne plus sentir, vis-à-vis d'elle, que le plus sincère attachement.

Victor-Amédée menait, au contraire, une vie très active. Bien reçu par les Messinois, il s'était empressé de le reconnaître par des faveurs. Il leur rendit des privilèges municipaux qu'une révolte leur avait fait enlever, quelques années auparavant; il leur diminua la gabelle du pain; et, — tout aussi bien qu'à Palerme, — il les dispensa du don de joyeux avènement, sachant combien ces générosités de décor pèsent sur les contribuables. « Tout cela lui attira bien les bénédictions de ce peuple », écrivait la reine, toujours empressée de saisir ce qui le montrait à son avantage.

Il stimulait le zèle des fonctionnaires, jusqu'alors habitués au relâchement d'un gouvernement routinier et dirigé par une vice-royauté plus que centenaire. Il créait deux régiments de gendarmerie pour la répression du brigandage, la plaie, en tous les siècles, de ces pays où le manque de route, la beauté des nuits, et la hardiesse naturelle à ses habitants les poussent à cette vie d'aventures et de profits hasardeux. Il portait ses regards sur le commerce, qu'il jugeait susceptible d'un grand développement, cette île étant comblée des richesses de la nature et occupée par une population active, sobre et intelligente.

Tout ce qui pouvait contribuer au bien public attirait son attention et il en saisissait le détail de telle manière qu'il subsiste encore aujourd'hui des lois créées par lui, ayant résisté à la chute de son pouvoir, en témoignant, par leur durée, de leur opportunité et de l'appréciation qui en avait été faite.

Il eût fallu que ce premier séjour, pendant lequel se développaient si amplement la bienfaisante administration du souverain et la bonne volonté des Siciliens, eût duré un certain laps de temps, laissant prendre racine à ces éléments de stabilité; mais, malheureusement, malgré le vif intérêt que Victor-Amédée mettait à cette laborieuse organisation, il vit la nécessité de revenir momentanément en Piémont. L'Autriche, qui n'avait pas encore adhéré à la paix d'Utrecht, l'inquiétait et faisait craindre la reprise de la guerre; elle hésitait à le mettre en possession des territoires stipulés comme prix de son alliance. De plus, la mort de la reine d'Angleterre venait ajouter à la gravité de la position. Victor-Amédée perdait en elle un point essentiel; Anne avait pour lui une véritable amitié, elle admirait ses talents et lui était attachée comme au représentant de sa parenté la plus chère, étant époux de la petite-fille de Charles Ier. Le roi de Sicile, par cette mort, craignait quelque mauvaise surprise sur le continent. Il prit donc ses mesures pour un retour temporaire, rentra dans Palerme, ramenant la reine, s'y arrêta un jour pour recevoir l'hommage de tous les corps de l'Etat, confia l'administration au comte Maffei, élevé au titre de vice-roi, chargea l'abbé del Maro de continuer les négociations, bien acheminées, avec la cour de Rome, et s'embarqua pour Nice. Quant à la reine, elle n'avait pas même quitté le navire qui l'avait ramenée de Messine, vu la fatigue de la traversée; le roi vint l'y rejoindre, et de là, ils firent tourner leur voile vers le Piémont. Une foule silencieuse salua ce départ et le jugea la fin d'un rêve; toute illusion de stabilité se perdait devant cet éloignement inattendu.

On doit s'étonner qu'un homme de la prudence de Victor-Amédée ait risqué un tel retour, après si peu de temps de prise de possession. Ne pouvait-il, tout au moins, laisser en Sicile la reine, qui avait su s'y faire aimer? et, si sa santé s'y refusait, ne pouvait-il y envoyer ses deux fils pour maintenir, en son absence, l'attachement de ce peuple dont la jalousie même et le désir de la possession exclusive étaient une base de solidité ? Mais, peut-être, plus de désenchantement qu'il n'en laissait paraître, une appréciation plus sentie qu'exprimée de l'impossibilité de bien régir cette Ile, le faisait-il passer outre sur une imprudence qu'il ne tenait pas en contrepoids des intérêts de ses Etats de terre ferme ? Ce sont les mystères de l'histoire.

L'arrivée à Nice, le bonheur d'y retrouver les deux jeunes princes, accourus à leur rencontre, fut la dernière véritable joie d'Anne d'Orléans. Ces baisers donnés avec tant de tendresse compensèrent bien les larmes ; et la joie de se retrouver dans les pays aimés, la vue des populations en fête, la rentrée dans Turin, furent des moments assez doux pour être réparateurs de beaucoup de souffrances. Madame Royale vint au-devant des arrivants jusqu'à Racconigi ; et quant à la capitale du Piémont, elle se livra à de telles réjouissances, à l'occasion de ce retour, que — selon le style hyperbolique de l'époque — « elle se laissait inonder d'un déluge de joie », faisant ainsi allusion à la pluie torrentielle qui tombait ce jour-là.

Une fête de famille servit de complément aux bonnes impressions du retour ; le mariage de Mlle de Suse en fut l'occasion. Elle épousait le prince Victor de Carignan, fils aîné du prince Philibert et de la princesse Catherine d'Este. Elle était d'une grande beauté et avait déjà inspiré plusieurs passions, notamment celle de l'ambassadeur d'Angleterre, lord Peterborough, dont l'alliance eût plu davantage au roi. Il aimait peu le prince Victor, qui jouissait en famille d'une mince réputation et ne ressemblait en rien au prince Thomas, que nous avons vu choisi de préférence pour accompagner la cour en Sicile ; mais, sur les instances de ce cousin, fort épris, Victor-Amédée donna son consentement.

Les noces se célébrèrent gaiement au château de Montcalieri ; il y eut bal et nombreuses invitations faites par le roi. Anne y assistait et se montrait gracieuse, selon son ordinaire, ne laissant percer, sous le sourire qu'elle accordait à la jeune femme, aucun souvenir des larmes que lui avait causé sa naissance.

CHAPITRE XXVI

Le printemps suivant, le plus grand des malheurs venait accabler la famille royale : le prince de Piémont, qui avait régi l'Etat pendant l'absence de son père avec une intelligence au-dessus de son âge, succombait à la petite vérole, après seize jours de maladie violente, le 22 mars 1715. Il avait seize ans. On le pouvait dire accompli et flattant ses parents de toute manière, étant de bel extérieur autant que doué d'éminentes qualités. Son père ne négligeait rien pour le rendre l'émule des plus grands de sa race ; il l'aimait avec tendresse et fierté. Sa douleur fut telle que pendant quelque temps on craignit pour sa raison. Et que dire de celle de la reine ? La duchesse d'Orléans écrivait, peu après : « J'ai reçu hier de Sa Majesté une lettre qui attendrirait un rocher. Elle prend son malheur chrétiennement ; elle dit qu'elle n'a pas encore la force de se résigner à la volonté de Dieu qui la frappe, mais qu'elle espère, avec le temps, réussir à mieux se soumettre aux décrets de la Providence. »

Elle regardait cet enfant comme un présent du ciel, obtenu par des années de prière ; elle le considérait comme le sceau qui avait maintenu l'attachement ébranlé de son mari pour elle. La mort de ses deux filles avait été un profond chagrin ; celle de son fils était un désastre.

Ce qui ajoutait à sa douleur, c'était l'antipathie que Victor-Amédée avait toujours montrée pour son second fils, Charles-Emmanuel, duc d'Aoste, et qui se manifestait plus encore en ce terrible moment. Ce prince fut cependant le souverain que le grand Frédéric disait être « le plus accompli de son siècle » ; mais son père — par une erreur singulière en cet homme d'esprit — n'en jugeait pas ainsi. Il est vrai que les apparences étaient peu faites pour satisfaire l'orgueil paternel ; dans son enfance, surtout, il était fort laid, petit, chétif, d'une timidité insurmontable, et devant son père, n'osant dire une parole. Sa mère, qui sentait sa peine, l'entourait de tendresse ; il était son *Carlino* et, sans elle, le pauvre enfant eût été bien malheureux.

La cour quitta Turin et se retira dans la solitude de la Vénerie. Elle s'astreignit au deuil le plus rigoureux ; toute joie fut bannie, toute réception interdite ; et quant à la reine, ce ne fut plus que par effort que pendant le reste de sa vie elle se montra quelquefois. Victor-Amédée, aussi profondément atteint, resta privé quelque temps de son énergie naturelle et semblait avoir perdu l'aptitude aux occupations qui lui étaient les plus essentielles ; peu à peu, le soin forcé des affaires, les nouvelles peu satisfaisantes qui arrivaient de la Sicile, la nécessité de parer aux événements qui se préparaient, réveillèrent son esprit abattu. Les devoirs du souverain se remirent devant ses yeux, ses hautes facultés se ranimèrent et lui rendirent le besoin de se dévouer au service et à la dignité de son pays.

Louis XIV avait cessé de vivre le 20 septembre 1715. La disparition de cette grande figure, qui avait maintenu jusqu'à son dernier jour son influence sur la scène européenne, devait en modifier tout l'équilibre. Son neveu, le duc d'Orléans, prenait la régence pendant la minorité du jeune roi Louis XV, âgé de cinq ans, fils de Marie-Adélaïde de Savoie. En Espagne, se levait une personnalité ambitieuse et intrigante, celle du cardinal Alberoni, qui s'apprêtait — comme ministre de Philippe V — à bouleverser la politique.

Ce monarque, après la mort de Marie-Louise de Savoie, était resté si affligé qu'il avait abandonné les affaires et s'était retiré chez le duc de Medina-Celi, laissant le gouvernement entre les mains du cardinal de Giudice. Mais ensuite, sur les représentations de la princesse des Ursins, qui avait acquis une grande influence, il était sorti de sa retraite, avait repris la conduite du royaume et s'était décidé à contracter une nouvelle union. Son choix s'était porté sur Elisabeth Farnèse, fille unique d'Antoine, duc de Parme et de Plaisance. Cette princesse réalisait un mariage bien au-dessus de ce qu'elle pouvait espérer ; cependant son premier acte fut d'éloigner la personne qui y avait donné les mains et de faire exiler la princesse des Ursins, à laquelle elle devait cette splendide couronne. Puis elle donna sa confiance à l'abbé Alberoni, qui avait été — auprès de la camarera mayor — l'instigateur de cette union.

Alberoni — de naissance plus que modeste, fils d'un jardinier de Fiorenzuola, simple curé d'une petite paroisse du Parmesan — avait été remarqué pour son esprit par le duc de Vendôme, qui se l'attacha, le conduisit avec lui en Espagne et le plaça auprès de Philippe V, comme agent du duc de Parme. Ce fut ainsi que cet homme, venu de si bas, put mettre la main au mariage de la fille de son premier maître avec l'héritier du trône de Charles-Quint. Mais avide de pouvoir, il se hâta — une fois le mariage accompli, de faire éloigner celle qui y avait aidé, la princesse des Ursins, dont il redoutait l'influence. Alors seul à dominer l'esprit nonchalant et mélancolique du roi, et dirigeant absolument celui de la reine, il se fit nommer cardinal, grand d'Espagne, et premier ministre.

Il rêvait de dépasser les Ximenès et les Richelieu, et voulait faire retrouver à l'Espagne la puissance qu'elle possédait à l'époque de Philippe II. Pour cela, il devait bouleverser les cabinets de l'Europe, soulever mille intrigues, attiser le feu de la guerre, la susciter sur plusieurs points à la fois, pour profiter du trouble général et agir selon ses vues. Il excita la discorde entre Pierre le Grand et Charles XII, roi de Suède; il mit aux prises l'empereur Charles VI et le sultan Achmet III; il fit entreprendre une expédition considérable pour remettre les Stuarts sur le trône de la Grande-Bretagne, réussissant à occuper ainsi l'Europe entière et à la rendre inattentive à ses propres actes. Son premier but était de ressaisir l'Italie et de la remettre sous le sceptre du roi d'Espagne; il voulait en même temps lui faire avoir la régence de France et organisait dans ce sens une conjuration que dirigeait le marquis de Cellamare, ambassadeur à Paris, du roi son maître.

Pendant que les diverses puissances, sous l'effet de ce travail habile, se démêlaient dans les désordres et dans d'inextricables négociations, Alberoni armait une escadre — sous prétexte de l'employer contre les Régences d'Afrique — la dirigeait sur l'Ile de Sardaigne, que le traité d'Utrecht avait donnée à l'Autriche, et s'en emparait par surprise; puis, faisant tourner l'escadre sur la Sicile, il lui donnait mission d'enlever cette Ile à son nouveau roi, se portant sur Palerme en y faisant appel au parti espagnol, qu'il y avait promptement organisé après le départ de Victor-Amédée. Celui-ci y avait laissé des forces militaires suffisantes pour maintenir l'ordre intérieur, mais non pour résister à une agression aussi considérable, et qui alors ne se pouvait soupçonner.

Cependant les troupes piémontaises, quoique très inférieures en nombre, firent une opposition énergique et se portèrent en avant pour empêcher le débarquement des Espagnols. Des actes de valeur remarquable illustrèrent cette défense de Palerme : l'ennemi

fut d'abord repoussé ; le régiment de Savoie chargea avec intré-
pidité, mais ayant perdu son colonel, le marquis Milliet de Faverges, tué à la tête de son corps, le trouble se mit dans les rangs
et força à la retraite. La capitale dut être abandonnée ; les troupes,
cependant, se reformèrent en bon ordre et allèrent se renfermer
dans les villes de Syracuse, de Catane et de Messine. Ceci se
passait en 1720, sept ans après la prise de possession de la
Sicile.

Victor-Amédée jeta feu et flamme à la nouvelle d'une attaque
aussi perfide et fit retentir de ses réclamations les cabinets de
Londres, de Vienne et de Paris. Ce fut d'abord sans effet ; la mort
de la reine d'Angleterre, ainsi que nous l'avons dit, l'avait privé
de son meilleur appui ; il ne trouvait que froideur devant lui.
Cependant, la force de ses observations parvint à réunir l'attention
de ces trois puissances, qui, effrayées elles-mêmes de la prépondérance qu'allait prendre Philippe V et de la turbulence de son
ministre, se résolurent à y mettre arrêt et s'accordèrent sur les
bases d'un traité conclu à Londres, sous le nom de *Quadruple-
Alliance*. Il y fut décidé que la Sicile, rattachée au royaume de
Naples, passerait sous la domination de l'Autriche, et que celle-ci
dédommagerait Victor-Amédée en lui cédant la souveraineté de
l'Ile de Sardaigne. L'échange n'était pas égal, et le titre de roi de
Sardaigne n'avait pas la valeur du précédent ; mais cette nouvelle
possession était plus rapprochée du Piémont ; tout autre échange
eût été difficile, et le plus sage était de se contenter.

Par suite de cet accord, la France et l'Angleterre attaquèrent
l'Espagne et la Sicile, ce qui fit ouvrir les yeux à Philippe V. Il
comprit où le menait la politique effrénée de son ministre et se
sacrifia aux réclamations des puissances. Il traita avec elles et
obtint l'avantage de faire avoir à son second fils, Don Carlos, l'in-
vestiture des duchés de Parme et de Plaisance. La paix fut ainsi
rendue à l'Europe.

Le traité de la Quadruple-Alliance, tout aussi bien que le traité
d'Utrecht, avait anéanti la pensée du testament de Charles II, en
brisant l'unité de cette immense succession et la divisant en deux
parties : l'une, assignée à la maison de France, ou Bourbon d'Anjou ; l'autre, à celle d'Autriche. La première restait maîtresse de
l'Espagne et des Indes américaines ; la seconde gardait les Pays-
Bas espagnols et tous les Etats italiens, moins la Sardaigne, déta-
chée pour former un lot à la Maison de Savoie. L'Autriche
s'assignait une part exagérée, aussi ne put-elle longtemps la

maintenir complète dans ses mains. Bientôt, Don Carlos, fils d'Elisabeth Farnèse et déjà reconnu duc de Parme et de Plaisance, résolut de lui enlever, les armes à la main, les Etats Napolitains; et la victoire de Bitonto, en 1734, l'en ayant rendu maître, il obtint l'érection de cette conquête en royaume des Deux-Siciles, dont il fut reconnu roi sous le nom de Charles IV. De longues années plus tard, étant monté sur le trône d'Espagne par la mort de son frère aîné, Ferdinand VI, fils de Marie-Louise de Savoie, qui ne laissait pas d'enfants, il céda le royaume des Deux-Siciles à son troisième fils, Ferdinand Ier, dont la dynastie subsista jusqu'à la création de l'unité italienne, en 1860.

Quant au Milanais, quelque temps enlevé à l'Autriche par la domination napoléonienne, il lui fut rendu par les traités de 1814 et de 1815, et cette puissance en garda la possession jusqu'au soulèvement national de la jeune Italie, en 1848 et 1859. Ce fut alors seulement que sortit de ses mains cette riche contrée, si longtemps point de mire de toutes les ambitions dynastiques.

Pour terminer le tableau des variations subies par le testament de Charles II, disons encore que les Pays-Bas espagnols, qui étaient demeurés à l'Autriche, furent conquis, sous la République Française, par Dumouriez et Jourdan en 1793 et 1794, et réduits en départements. Le traité de 1814 incorpora ces provinces dans le royaume des Pays-Bas, alors créé sous le sceptre de la Maison de Nassau. Il se divisa en 1830, et forma les deux Etats monarchiques de Hollande et de Belgique, celui-ci passant sous la domination de la Maison de Cobourg. Tels sont aujourd'hui les résultats de ces deux fameux traités.

CHAPITRE XXVII

Revenons maintenant au nouveau royaume de Sardaigne, constitué pour Victor-Amédée II. Ce prince ne jugea point à propos de renouveler pour ce petit pays l'intronisation fastueuse dont il avait honoré la Sicile. Il y envoya la baron de Saint-Remy, investi des pouvoirs de vice-roi, qui reçut les serments des trois ordres de l'Etat. L'Ile fut gouvernée avec douceur et loyauté, conserva toutes ses institutions, et s'attacha sans peine à ses nouveaux souverains. Quand les invasions de la révolution française obligèrent les princes piémontais à quitter leurs Etats de terre ferme, ils se réfugièrent dans cette Ile et y trouvèrent une affection faite pour adoucir les tristesses de cette retraite ; les lieux étaient pauvres, absolument dénués de confort, les habitudes du peuple presque sauvages ; mais la fidélité y résidait. La noblesse, presque toute d'origine espagnole, simple de mœurs mais fière de sentiments, offrit ses services à ces princes dépossédés et se montra si dévouée que la Maison de Savoie n'en a jamais perdu ni le souvenir ni la reconnaissance. Rentrée en 1814 dans la capitale du Piémont, elle conserva une grande partie des hautes charges de la couronne à la noblesse sarde ; et aujourd'hui encore, la dame d'honneur de Marguerite de Savoie, reine d'Italie, est la marquise de Villamarina, représentante de l'un des noms les plus illustres de l'ancienne Ile espagnole.

Nous n'avons plus à suivre Anne d'Orléans que dans la vie de retraite où elle se réfugia après la mort de son fils. Elle ne parut presque plus à Turin et ne s'y rendit que pour quelques cas indispensables, ne se sentant pas la force d'habiter dans le palais où elle avait vu expirer cet enfant. Elle vivait habituellement au château de Rivoli, qu'elle aimait, ou à celui de la Vénerie, et gardait toutes les richesses de son cœur pour son fils *Carlino,* qu'elle retenait le plus possible auprès d'elle ; cela ne veut dire qu'elle le possédât souvent, car depuis qu'il était devenu l'héritier du trône, son père

— sans l'aimer davantage — poussait à son instruction politique et le faisait travailler assidûment avec les meilleurs maîtres.

Lui-même vivait, très ordinairement, loin de sa capitale, presque toujours à la Vénérie, où il s'occupait uniquement du bien de l'Etat. Il gardait ses habitudes d'extrême simplicité et de labeur incessant, se levant de bonne heure et employant sa journée à travailler dans son cabinet. Le comte de Blondel, chargé d'affaires de France à Turin, où il resta dix ans et vécut beaucoup dans l'intimité de la famille royale, le représente, dans ses *Anecdotes sur la Cour de Sardaigne*, comme toujours vêtu de la même manière. « Pendant sept ans, écrivit-il, je ne le vis jamais, en hiver comme en été, qu'avec un habit de drap marron, sans broderies d'or ou d'argent ; les souliers étaient à double semelle, et les bas, de laine en hiver et de fil en été ; il ne portait point de dentelles, et voulait des chemises de grosse toile, parce que cela, disait-il, convenait mieux à sa santé. Il travaillait infatigablement et poussait son fils, *Carlin*, à étudier l'art particulier de bien gouverner, l'envoyait souvent en tournées dans les forteresses du royaume, en compagnie d'habiles officiers, capables de lui en faire remarquer l'utilité et les défauts. »

Ce premier roi de Sardaigne était aussi simple de manières que de toilettes ; il aimait peu l'étiquette et la tenait loin, en dehors de la représentation. Il aimait à sortir seul, à se promener sans se laisser reconnaître, liait conversation avec le petit peuple et ne se cachait de préférer l'honnête laboureur au courtisan. Il n'était pas rare, quand il était à Turin, de le voir sortir de son palais sur les cinq heures du matin, se rendre seul et à pied au sanctuaire de la *Consolata* — très vénéré dans cette ville, — où il entendait la messe à genoux par terre, mêlé au pauvre monde qui remplit les églises à cette heure.

Mais cet homme, si simple dans ses goûts et si parcimonieux pour lui-même, administrait avec une largeur royale. L'armée étant diminuée — vu l'état de paix que l'on avait enfin le bonheur de posséder, — il employait l'argent à reconstruire les forteresses, à réparer splendidement les châteaux royaux, à enrichir Turin d'utiles et magnifiques édifices, à pousser au développement de l'instruction publique et de tout ce qui concourt à la prospérité d'un peuple.

Il renouvela le Code et — devançant l'esprit des temps — il établit l'égalité dans la perception des impôts, ayant ouvert, à cet effet, de difficultueuses et patientes négociations avec la Cour de

Rome, par suite desquelles les terres du clergé, aussi bien que celles de la noblesse, furent taxées sur le pied général. Cette entreprise ardue lui fit — quoique juste — plus d'amis dans le peuple que dans les hautes classes, et généralement il était plus aimé des petits que des grands.

Anne, que la tristesse avait abattue, remarquait d'autant plus cette activité de son mari et s'étonnait qu'il l'eût conservée, brisé, comme il l'avait été, par la douloureuse mort de son fils ; et quoiqu'elle eût fort à souffrir de son humeur, que ce terrible coup n'avait pas adoucie, et qu'elle dût souvent s'effacer devant lui, la vue de cette aptitude générale pour tout ce qui concerne la bonne direction d'une nation, la maintenait dans le sentiment d'admiration dont elle lui avait toujours été prodigue.

Du reste, elle vivait souvent seule ; il n'y avait, pour ainsi dire, plus de cour. Madame Royale, très âgée, vivait seule aussi, loin de Turin, le plus souvent à Rauconigi ou à Montcalieri. La tristesse les avait tous séparés, et leur donnait comme le besoin de vivre les uns sans les autres. La jeune princesse de Carignan, qui aurait pu être un centre de réunion et réagir contre cette dislocation de l'auguste famille, s'était éloignée de la maison royale, lui montrant une ingratitude que celle-ci avait vivement ressentie. Son mari, homme désordonné, mal vu du roi dont il excitait le mécontentement, avait quitté le pays et s'était rendu en France, d'où Victor-Amédée tenta vainement de le faire revenir. Il y faisait mauvaise vie, sous le nom de comte de Basque, et se tenait — avec sa femme qui était venue le rejoindre, — dans la société, fort équivoque, de la comtesse de Verrua. Celle-ci continuait, à Paris, et malgré le retour de l'âge, une vie de plaisir dont on peut apprécier le caractère par l'épitaphe qu'elle se fit elle-même, et qui témoigne des progrès qu'avait faits l'esprit philosophique sous la régence indulgente du duc d'Orléans :

> Ci-gît, dans une paix profonde,
> Cette dame de volupté
> Qui, pour plus de sûreté,
> Fit son paradis en ce monde.

Quelque peu de cœur qu'eût montré cette ancienne maîtresse de Victor-Amédée, elle n'avait jamais manqué au respect qu'elle sentait devoir à Anne d'Orléans. Il n'en fut point ainsi de sa fille, qui tenait sur le compte de la cour de Sardaigne — et notamment sur celui de la reine, qui avait été si bonne pour elle — les plus méchants et les plus calomnieux propos, lesquels ont été conservés par la plume de Saint-Simon, commensal de cette maison, où son esprit cancanier trouvait pâture.

Anne s'affligea beaucoup de ces propos et de l'ingratitude de cette jeune femme; elle partageait la tristesse très vive que ressentait la famille de Carignan, particulièrement Catherine d'Este, amie de la reine, et que la conduite de ses enfants comblait de chagrin.

Mais ce qui la faisait souffrir par-dessus tout, c'était la désaffection que le roi continuait de montrer pour le duc d'Aoste, devenu prince de Piémont. Le départ du jeune couple Carignan, en diminuant le personnel de la Maison royale, rendait cette désaffection plus sensible, et rapprochait deux existences qu'il eût fallu tenir le plus possible séparées; il en résultait des scènes déplorables. Le comte de Blondel écrivait, en parlant du roi, « qu'il tenait son fils dans l'humiliation. » La pauvre mère s'employait à atténuer les injustices paternelles, en constatant que le caractère attristé de son fils se développait toujours plus dans ce sens.

Cependant le mariage du jeune prince vint apporter de l'amélioration dans ce malheureux état de famille. Charles-Emmanuel avait vingt et un ans; Victor-Amédée demanda pour lui la main de la princesse Christine de Salzbach, fille de Théodore de Bavière, comte palatin du Rhin, que le comte de Blondel estime « une princesse de grand mérite ». La famille royale se porta au-devant d'elle jusqu'à Verceil, et le mariage y fut célébré avec le décor et les réjouissances d'usage, au printemps de 1722. Dans le même mois de l'année suivante, Christine donnait le jour à un fils et descendait dans la tombe; nouveau malheur pour l'auguste famille, qui paraissait ne devoir plus connaître que les larmes.

Le petit prince survivant était si maladif, que la plupart des historiens ne le mentionnent même pas ou le font mourir immédiatement. Il vécut cependant trois ans, grâce aux soins de la reine, qui reprit quelque intérêt à la vie, en se dévouant à ce pauvre enfant. On la voit, dans les lettres qu'elle adressait à son fils — souvent absent et naturellement inquiet de l'état du jeune prince, — lui rendre compte de tout ce qui pouvait l'intéresser à son sujet : « Il était mieux, étant gai et mangeant un peu sans pleurer. » Ou bien : « Il était amaigri, ne voulant jamais se nourrir; quand on réussissait à trouver quelque chose pour le divertir, alors on lui faisait avaler deux ou trois cuillerées de soupe sans qu'il s'en aperçût, mais ensuite il criait comme un petit démon, tant il était mécontent d'avoir avalé quelque chose. » Elle le faisait promener elle-même sur l'esplanade du château de Rivoli, et raconte que : « Le médecin a visité ses petites jambes, si faibles, mais les a trouvées droites, quand il est couché comme quand il chemine. » Une fois, il s'éveille pendant qu'elle écrit, et il veut aussi écrire à son père ; pour l'en détourner, elle le fait jouer avec les chiens, mais, dit-elle, « il avait eu le temps d'y faire sa part et il peut le voir au barbouillage qui est sur la lettre ». — Ce sont des détails bien minimes, mais qui démontrent la bonté de ce cœur, uniquement occupé des siens.

Le nombre en diminuait, la mort continuait de porter ses ravages dans le cercle de ses affections. Depuis longtemps, le prince Philibert de Carignan n'en faisait plus partie, étant mort dès 1709 ; mais Catherine d'Este, qui lui avait survécu de nombreuses années, mourut à cette époque, ajoutant, par son départ, aux regrets de la reine. Puis elle eut à pleurer son frère, le duc d'Orléans, régent de France, qui mourut, en 1723, des excès de sa vie déréglée. Elle perdit sa belle-mère, Jeanne-Baptiste de Savoie-Nemours, qui avait atteint l'âge de soixante-dix-sept ans, et dont les dernières années avaient été accablées d'infirmités.

Anne s'était habituée à l'aimer et lui donna des larmes. Elle était arrivée à cette heure d'infinie tristesse, où tout ce que nous avons aimé se brise et disparaît, faisant place à un nouveau, impuissant à se substituer aux souvenirs qui nous remplissent le cœur ; heure préparée par la main de Dieu pour nous détacher de vie, que nous allons quitter nous-même, et pour conduire notre pensée vers les hautes régions. C'est là que se réfugiait celle de la reine ; sa foi, sa piété se faisaient plus sensibles ; le besoin de faire du bien devenait l'unique aliment de son cœur. Elle s'intéressait à tous les malheureux, donnait en aumône tout ce qu'elle possédait, se refusant presque le nécessaire ; et elle eût donné davantage et au delà du possible, si elle n'eût été retenue par la pensée qu'en dépensant ses fonds, elle eût augmenté les charges de l'État, ce qui fût retombé sur le pauvre peuple. Sa maxime favorite était que les princes et les rois sont, devant Dieu, égaux aux autres hommes, et que Dieu ne les recevra que pour leurs vertus.

CHAPITRE XXVIII

Le deuil de Madame Royale, observé selon la rigueur que réclamait son rang, fut cependant suspendu par les nouvelles noces du
prince de Piémont, que son père avait hâte de remarier. S'en tenant
à ses premières intentions, de l'allier en Allemagne, et en dehors
de la sujétion des puissances dominatrices, Victor-Amédée avait
arrangé son union avec la princesse Polixène de Hesse-Rheinsfeld,
au-devant de laquelle il se rendit, ainsi que son fils, jusqu'à Thonon, en Savoie, où le mariage fut célébré.

Soit à cause de sa santé, très affaiblie, ou pour ménager les
soins qu'elle donnait au petit duc d'Aoste; soit peut-être aussi par
égard pour le souvenir de sa pemière belle-fille, la reine ne voulut
point aller au-devant de celle-ci, et se remplaça par cette lettre si
simple et si affectueuse : « Ma joie a été extrême quand j'ai appris
votre heureuse arrivée à Thonon. Mais, ma chère fille, je regrette
fort de n'avoir pas eu la même consolation que le Roy de vous
embrasser. Peu à peu, en sachant que vous vous approchez de
moy, mon empressement augmente de vous voir et vous marquer
moy-même la tendresse que je sens pour vous. Je crains fort que
ce ne sera que dans trois semaines que j'aurai ce plaisir, si l'on
fait la procession à Chambéry : en attendant, je vous assure, ma
très chère fille, de ma tendre amitié, et si avant vous voulez
m'écrire, faites-le sans façons, car je n'en veux pas entre nous,
vous regardant comme ma propre fille. 20 août 1724. »

Cette seconde belle-fille lui plut et elle lui consacra un nouveau
sentiment d'affection, qui ranima quelque peu la chaleur de son
cœur endolori, et fut la distraction de ses dernières années. Son
fils, prince vertueux et de mœurs irréprochables, sa'ttacha vivement à cette jeune femme, affectueuse et aimable, qui elle-même
y correspondait par une véritable passion. Si l'extérieur de Charles-
Emmanuel — selon le dire de tous les historiens — n'était pas

fait pour plaire, son esprit et son bon cœur charmaient et le rendaient séduisant dans l'intimité, pourvu, toutefois, qu'il fût loin du regard de son père.

Celui-ci le traitait mieux et avait pour lui la considération due à sa position d'homme marié. Mais il n'aimait pas le voir s'oublier dans les affections de famille, et voulait que les soins de l'Etat passassent avant tout. Aussi le détournait-il sans cesse de la jeune princesse, le faisant voyager avec lui pour visiter telle ou telle province, ou surveiller la construction de quelque fort. La préoccupation d'Anne était alors de consoler sa belle-fille et d'écrire à son mari, pour tenir celui-ci au courant de tout ce qui se rapportait à elle.

Dans le mois d'août 1725, mourut le petit duc d'Aoste, objet de si tendres soins. Ce fut un nouveau sujet de tristesse pour la famille royale; la princesse de Piémont n'avait encore point d'enfant et toute la succession reposait sur cette faible tête. Victor-Amédée, inquiet du défaut d'héritier, allait être désolé, et la reine, mettant de côté son propre chagrin, s'occupait d'abord de celui du roi. Il était alors absent, ainsi que le prince de Piémont. Anne écrivait à son propre fils et lui recommandait « de prendre sur lui et de retenir ses larmes pour les cacher au roi, afin de ne pas l'exciter davantage ».

Mais, malgré ce courage apparent, la douleur fut si grande pour elle que sa santé en fut tout à fait ébranlée; elle ne pouvait plus se tenir debout. « C'est une faiblesse qui vient de mon accablement », écrivait-elle à son fils; et après une nuit assez mauvaise pour avoir donné de l'inquiétude, elle lui écrivait encore : « Il en sera ce que Dieu voudra; je suis plus résignée sur ce chapitre que sur tant d'autres. »

Elle se remit cependant, et ne cessait de s'occuper de sa belle-fille, fort triste de cette absence prolongée de son mari, et dont l'état de grossesse demandait beaucoup de ménagements. Jugeant difficile, à Rivoli, où elles étaient alors toutes les deux, de lui faire suivre exactement le traitement ordonné par le médecin, Anne se décida à la ramener à Turin. C'était un sacrifice très grand qu'elle lui faisait, n'ayant pas encore eu le courage d'y remettre les pieds, depuis qu'elle avait eu l'inoubliable chagrin d'y perdre son fils aîné. Elle écrit, de cette ville, au second : « Nous sommes venues hier, mon cher fils ; ma douleur s'y est cruellement renouvelée à me voir dans notre palais, seule, et je crains que ce soit pour longtemps. »

Elle s'alarmait, comme il arrive aux personnes que la tristesse accable, et s'imaginait de mourir avant le retour du roi et de son fils. Mais se dominant et se secouant de ces impressions et de sa faiblesse réelle, pour s'occuper de la princesse de Piémont, elle cherchait à la divertir et la conduisit à la *Vigne de la Reine*, son ancienne villa favorite, dans la pensée qu'elle pût être à son goût ; et elle écrit à son fils : « Elle lui a beaucoup plu ; elle se contente de peu, un rien la distrait, et je tâche de ne rien oublier de ce qui peut l'amuser et lui faire supporter votre absence. »

Enfin, un gage de bonheur fut donné à la famille royale : la naissance d'un nouveau duc d'Aoste ranima toute la cour et fut l'occasion d'une joie générale. Pour Anne d'Orléans, ce fut comme un rayon de soleil se montrant dans un triste soir. Elle était à bout de forces et avait des évanouissements qui donnaient la plus grande inquiétude. Son caractère, si égal, était devenu nerveux et plus sensible aux brusqueries de son mari. Deux ans se passèrent dans un pénible état de dépérissement.

Le 15 août 1728, elle se coucha et fut prise de suffocations et de spasmes qu'elle supporta, pieusement résignée, en voyant venir la mort comme une libératrice. Elle perdit peu à peu la connaissance et la parole, et rendit son âme à Dieu, le 26 août, âgée de cinquante-neuf ans, et laissant des regrets au niveau du respect, de l'affection, de l'attachement général qu'elle s'était mérité.

Le support, la résignation avaient toujours été ses vertus dominantes et la note saisissante de son caractère, en plus du besoin d'affection de son cœur ; aussi, quoique sa mort et le long dépérissement qui l'avait précédée eussent été causés par l'immense douleur qu'elle avait ressentie de la mort successive de ses trois enfants, on ne l'entendit jamais s'en plaindre, et elle montra toujours, dans ces cruels moments, comme à celui de sa mort, la plus complète soumission aux décrets de Dieu, adorant l'éternelle Volonté, qu'elle respectait avec une foi que rien n'avait jamais altérée.

Respectant le désir qu'elle avait toujours exprimé — par sentiment de modestie — de n'être point embaumée, elle ne fut exposée qu'un jour dans une chambre de parade, puis transportée, avec la pompe due à son rang et un concours énorme de peuple, dans l'église métropolitaine, où son corps fut déposé, en attendant que la basilique magnifique, qui se construisait sur la colline du Superga, fut en état de devenir son lieu de repos.

Dans son oraison funèbre, prononcée par l'abbé de l'antique abbaye de la Novalaise, l'orateur s'attachait à faire ressortir ces vertus de résignation et de soumission qui furent sa couronne, disant : « Quelque malheureuse qu'ait été la plus grande partie de sa vie, quelque longue qu'ait été la durée de ses douleurs, et nombreuses et diverses les voies par lesquelles ces douleurs lui furent envoyées — en même temps que tendre et sensible le cœur qui devait les recevoir, — sa grande âme n'a jamais faibli, parce qu'elle n'a jamais cessé de garder à Dieu sa confiance. On doit dire d'elle que les afflictions lui ont servi comme de degrés, pour monter de vertus en vertus. »

CHAPITRE XXIX

Après la mort de cette regrettée souveraine, la cour se retira au château de la Vénerie et y passa le temps donné au deuil. Le prince et la princesse de Piémont étaient dans une douleur extrême, et le roi lui-même vivement affecté. Ce prince gouverna encore deux ans, toujours avec la même activité et la même lucidité d'esprit, quand on le vit, tout à coup, prendre une résolution que rien n'avait préparée, et qui était en complet désaccord avec l'essence même de son caractère.

Ce fut encore la funeste influence d'une maîtresse qui lui fit jeter cette ombre sur le tableau d'une grande vie. Quoique, depuis le départ de la comtesse de Verrua, il n'eût affiché aucune favorite, il n'avait cependant laissé de courtiser quelques femmes, notamment Mlle Canalis de Cumiana, fort belle personne et de grand nom. Madame Royale, remarquant la nouvelle inclination, et pensant l'arrêter, s'était employée à marier Mlle de Cumiana avec le marquis de Saint-Sébastien ; mais celui-ci étant mort au bout de quelques années, la liaison s'était reprise insensiblement, et la mort de la reine permettait à cette dame de porter bien haut les vues de son ambition. Elle pensait à se faire épouser, et aspirait à ceindre la couronne.

Victor-Amédée la satisfit dans son premier désir, faisant bénir son union avec elle ; mais, soit pour abattre toute possibilité d'aspiration au trône ; soit, comme il le disait, par fatigue du pouvoir et par lassitude de son travail ; soit encore — selon le dire de quelques historiens — pour le sortir des difficultés causées par des engagements politiques antérieurs, auxquels donnait tort la politique actuelle ; — toujours est-il qu'il prit subitement la résolution d'abdiquer ; et ni les supplications de son fils, ni les remontrances de tous les corps de l'Etat, ni les raisonnements et les prières de ses ministres les plus dévoués, ne purent le faire changer de résolution.

Il fit couronner son fils, Charles-Emmanuel III, devant lui et lui remit tous les pouvoirs ; puis il partit pour Chambéry, où il s'établit dans le vieux château ducal de ses ancêtres. Il s'était réservé un traitement de trois cent mille livres ; et il avait précédemment employé un capital de cent mille écus à l'acquisition du marquisat de Spigno, dont il fit don à sa nouvelle compagne.

Celle-ci était loin d'avoir atteint ce qu'elle avait rêvé ; elle ne cessait de se plaindre et de presser le roi de revenir en arrière d'un tel acte. « Le château de Chambéry tombe en ruines, lui disait-elle ; le climat vous est funeste ; choisissez pour votre résidence là maison royale du Piémont la plus convenable à votre santé... L'oisiveté même est un poids pour vous. » Au bout d'un an, elle avait si bien travaillé l'esprit du monarque abdicataire — las peut-être lui-même de son inaction, — qu'elle le décidait à reprendre la couronne.

Un incident, curieux à force d'être minime, en donna connaissance à l'Etat. Le curé de la petite paroisse de Saint-Ombre, aux environs de Chambéry, étant venu dans cette ville, eut la curiosité de visiter le château, profitant du moment où le roi et la marquise de Spigno étaient à la promenade. Surpris par leur retour, il se déroba derrière une portière, pour y attendre le moment de sortir sans être vu. Il entendit ainsi la conversation de Victor-Amédée et de la marquise, prenant leurs dernières dispositions pour l'accomplissement de leur projet et pour le départ pour Turin, fixé à deux jours plus tard.

A peine sorti de sa cachette, le curé, fort troublé, alla prendre conseil d'un collègue, et se décida à partir immédiatement pour Evian, où Charles-Emmanuel III faisait une saison de bains. Il parla au roi, lequel expédia de suite un courrier au marquis d'Ormea — ministre sous son règne comme sous le précédent [1], — et partit lui-même dans la nuit, bien décidé à remettre la couronne à son père. Mais d'Ormea n'en jugea point ainsi, et mettant la raison d'Etat au-dessus des sentiments de famille, il eut la fermeté d'exiger de Charles-Emmanuel la signature de l'ordre d'arrêt du vieux roi. « J'ai toujours, lui dit-il, conseillé à votre père ce qui m'a paru le plus utile au bien de l'Etat et à celui de sa personne : aujourd'hui c'est vous que je sers ; je vous dis la même sincérité. » Le malheureux fils, repoussé dans toutes ses objections, signa cet arrêt en frémissant de douleur.

---

1. Depuis plusieurs années le marquis de Saint-Thomas avait quitté les affaires, vu son âge.

Ne devrait-on pas regarder comme une sorte de pressentiment l'antipathie que Victor-Amédée avait toujours eue pour ce fils, digne cependant, par ses belles qualités, d'attirer son affection, tout autant que ses autres enfants, qu'il avait beaucoup aimés ?

Quand le lendemain le vieux roi arriva en Piémont, muni d'un manifeste pour faire appel à ses anciennes troupes, il descendit — raconte Cibrario — d'abord à Montcalieri, invita à dîner le marquis Solaro del Borgo, gouverneur du château, et tâcha inutilement de le gagner à sa cause. N'obtenant rien, il se rendit à cheval sous les murs de Turin et voulut parler au baron de Saint-Remy, gouverneur de la citadelle, mais avec le même insuccès. Ces nobles serviteurs, qui avaient prêté serment à son fils, gardaient à ce nouveau maître la même fidélité qu'ils avaient tenue à lui-même, quand il était leur souverain. Victor-Amédée, fort excité, fit tourner bride à son cheval et reprit, à minuit, le chemin de Moncalieri, quand il fut arrêté par un corps de gendarmerie et conduit au château de Rivoli, où il resta prisonnier. La marquise de Spigno, cause coupable d'un si déplorable événement, fut enfermée dans le château-fort de Cava. Quand au prêtre révélateur, il fut si confondu des résultats de son rapport, qu'il ne se présenta jamais pour demander la moindre récompense.

L'état du malheureux prince détenu, malgré tous les égards que l'on pouvait y mettre, était le plus douloureux qui se puisse supposer. Ses colères étaient terribles ; on voit encore à Rivoli une table de marbre brisée par un coup de poing donné dans un moment de fureur. Ne pouvant plus supporter le séjour de Rivoli, on le transporta à Montcalieri ; quelques ménagements purent lui être accordés ; la compagnie de la marquise de Spigno lui fut rendue. Peu à peu des influences religieuses le dominèrent ; il se calma, tomba dans une mélancolie profonde, s'affaibit et mourut, après deux ans de détention, le 31 octobre 1732, âgé de soixante-six ans. — Triste fin d'un si grand règne, et qui le recouvrit quelque temps d'un triste voile ; mais sans affaiblir des résultats trop glorieux, pour que la mémoire n'en reste vive dans le cœur de son peuple, qui le considère comme le plus illustre de ses souverains et celui auquel il doit le plus de bien.

Après sa mort, il fut permis à la marquise de Spigno de se retirer au couvent de la Visitation de Pignerol. Charles-Emmanuel, lui confirma le titre et la propriété de la terre dont elle avait été gratifiée. Il allait la voir quelquefois, maintenant des égards pour la veuve de son père. Elle vécut encore trente-six ans, ne s'occupant que de bonnes œuvres et menant une vie exemplaire.

En 1778, lorsque la basilique de Superga fut terminée, un grandiose mausolée y fut érigé et la dépouille mortelle du fondateur de ce monument y fut transportée, avec toute la pompe qui lui était due. La figure martiale de Victor-Amédée II le domine. A côté se voit la tombe de la première reine de Sardaigne, sa noble femme, portant une épitaphe latine que l'on peut traduire ainsi :

A la mémoire immortelle
D'Anne-Marie d'Orléans ;
De Victor-Amédée II, invincible roi de Sardaigne,
Épouse auguste.
De religion, prudence, constance et force
Elle fut le miroir.

Liguge (Vienne). — Imp. Saint-Martin. M. Bluté.